日本戰國

忠誠與背叛
法則

監修　小和田哲男

U0072696

隱藏在戰國大名背後的家臣，

有著什麼樣的「法則」？

　　距今約500年前的日本正處於名為戰國時代的時期，那是個眾多英雄，例如織田信長、豐臣秀吉、德川家康等，相互稱霸的時代。

　　然而，這些英雄留下來的絕不只有個人的名聲。正因為有支持他們的家臣，方能成就豐功偉業。雖說如此，家臣終究是為英雄的榮耀增添光彩的配角。歷史教科書和相關遊戲等，也很少提及家臣的功勞和煩惱。

本書將重點放在那些身為無名英雄的家臣，利用插畫來介紹這些人當時的日常生活、處世之道，到最終背叛戰國大名的行為。

在頻繁出現謀反、投敵等背叛行為的戰國時代，有為了存續家門而更換主君的人，也有依然忠臣於主君、為主君家門的興衰成敗捨身奉獻的人。每個家臣的立場都不同，只要這本書能夠幫助各位瞭解那些，為了生存、成功而奮不顧身地穿梭在戰國時代的人所面臨的真實情況，便已足以。

小和田哲男

群雄割據時代的統治體制

隨著室町幕府的衰亡，守護大名和戰國大名在各地嶄露頭角，日本進入戰國時代。本篇要介紹日本統治體制從室町時代的幕府到戰國時代的變遷，以及主要的守護大名和戰國大名。

室町時代

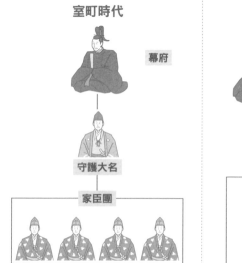

戰國時代

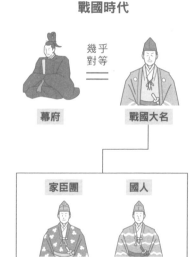

室町幕府在花費長達 11 年的時間，平定從 1467 年開始爆發的應仁之亂後逐漸衰弱。原本效忠室町幕府、作為武家棟梁分散在各地的武士，向心力也跟著日漸消失。

最初的室町時代，以幕府（將軍）為首，由部屬在各地的守護大名掌管內政，在守護大名之下還有支持他們的家臣團。

然而，到了戰國時代，代替駐留在畿內的守護大名處理內政的家臣，藉由吸收或擊潰領主等方式獲得權力，成為戰國大名。他們開始與守護大名（例如畠山氏、斯波氏）等相互競爭，歷史上稱之為「下克上」。與此同時，守護大名也脫離幕府的統治，轉而成為戰國大名。

在這個時代，大名組建自己的家臣團，

主要的守護大名與戰國大名

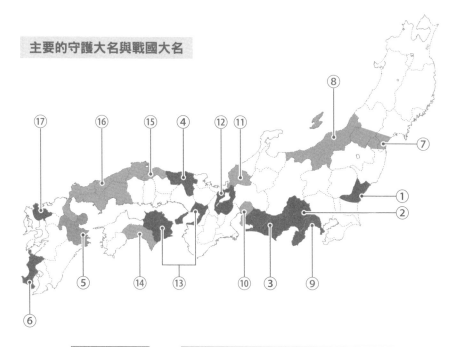

從守護大名轉變的戰國大名	戰國大名	
①佐竹家	⑦伊達家	⑬三好家
②武田家	⑧上杉家（長尾家）	⑭長宗我部家
③今川家	⑨北條家	⑮尼子家
④山名家	⑩織田家	⑯毛利家
⑤大友家	⑪朝倉家	⑰龍造寺家
⑥島津家	⑫淺井家	

或是透過武力、外交等手段讓各地區的國人，也就是有力豪族屈服，以此來管理領國。各地大名的實力不斷增強，進而藐視室町時代以來的統治體制，開啟諸侯爭霸的戰國時代。

下克上代表性的例子，是關東管領上杉氏與北條氏之間的爭鬥。除了關東地區一般的內政，幕府也允許關東管領上杉氏動用武力來解決事端。不過，服侍幕府的北條早雲（伊勢宗瑞）在下克上取得成功，並迅速成長。上杉氏在察覺自己陷入存亡危機後，向鄰近的諸侯發出檄文，組成包圍網圍攻北條，但仍在河越城之戰敗北。最後被迫離開關東，轉而依靠越後長尾氏（後改姓為上杉）。

戰國一點就通 ②

戰國時代家臣的組織圖

戰國時代的大名不僅要與其他國家交戰，還要努力經營領國、富國強兵。因此，必須提拔有能力的家臣，並將他們安排在適當的位置。以下就來介紹這些家臣的分類和職務。

戰國大名

戰國時代統治各地的領主，帶領家臣和國人打仗與處理內政。

根據與大名的關係來分類		
一門眾	**譜代**	**外樣**
與大名有血緣關係或姻親關係的人，一律稱一門眾。	世世代代侍奉大名家族的家臣，或與大名有遠親關係的家臣。	從其他地方提拔而來有經驗的家臣，很少受到重用。

根據侍奉對象來分類		
直臣	**陪臣**	**奉公眾**
家臣中，直屬於大名的人。	侍奉直臣的人。	身分地位在陪臣之下的人。

戰國時代的家臣團根據與大名之間的關係，稱呼會有所不同。

與大名有血緣關係者稱為「一門眾」，在家臣團中的地位較高；「譜代」則是世世代代支持大名家的重臣，在戰爭時期和內政中經常負責重要的職位。

而從其他地方提拔而來的即戰力，就稱為「外樣」。除了藤堂高虎（※P164）這種例子之外，大多待遇不好。

從上述可知，僅憑家臣的稱呼，就能分辨其與大名之間的關係，並且看出待遇的不同。

此外，家臣的稱呼也取決於主管，也就是侍奉的主人。直屬於大名者稱為「直臣」；侍奉直臣者稱為「陪臣」；地位更下面的人稱為「奉公眾」。

和平時期家臣主要職務一覽表

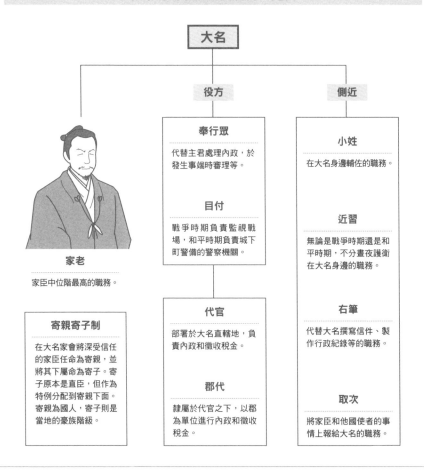

大名

役方

奉行眾
代替主君處理內政，於發生事端時審理等。

目付
戰爭時期負責監視戰場，和平時期負責城下町警備的警察機關。

代官
部署於大名直轄地，負責內政和徵收稅金。

郡代
隸屬於代官之下，以郡為單位進行內政和徵收稅金。

側近

小姓
在大名身邊輔佐的職務。

近習
無論是戰爭時期還是和平時期，不分晝夜護衛在大名身邊的職務。

右筆
代替大名撰寫信件、製作行政紀錄等的職務。

取次
將家臣和他國使者的事情上報給大名的職務。

家老
家臣中位階最高的職務。

寄親寄子制
在大名家會將深受信任的家臣任命為寄親，並將其下屬命為寄子。寄子原本是直臣，但作為特例分配到寄親下面。寄親為國人，寄子則是當地的豪族階級。

　由此可見，戰國時代也存在著跟現代社會一樣的階級制度。

　家臣被授予的職務也各不相同。和平時期，有在大名家擔任要職的家老、在大名身邊輔助的側近，以及代替大名處理內政等的役方等。

　不過，每個大名家族的職務名稱和數量不盡相同。

　以織田信長來說，由於其需要管理的領地非常廣闊，於是組建了一個專門針對上杉家和毛利家的軍團，並任命身為重臣的柴田勝家和羽柴秀吉為軍團長，賦予「武將」的職稱。

　順帶一提，織田信長不拘泥於血緣和資歷，而是採用適才適所的做法，因此在日後成為掌握天下的「天下人」。

戰國一點就通 ③

留名青史的有力家臣

不僅是大名，效力主君的家臣也有自己的信念，並在戰亂中奮鬥、存活，於戰國時代抹上一筆色彩。以下介紹幾位活躍於戰國時代的代表性家臣。

井伊直政

（1551 年～1602 年）

侍奉的主君：德川家康

德川四天王之一。率領一支名為「井伊赤備」的精銳騎兵部隊。負責關原之戰的戰後事務。

石田三成

（1560 年～1600 年）

侍奉的主君：豐臣秀吉

豐臣秀吉的家臣，為負責政權事務的五奉行之一。豐臣秀吉死後，與德川家康對立，在關原之戰中敗北並遭到處決。

真田信繁（幸村）

（1567 年～1615 年）

侍奉的主君：真田昌幸、豐臣秀賴

為真田家的一門眾，通稱幸村。在「大坂夏之陣」中，將德川家康逼到絕境，史稱為「日本第一兵」。

直江兼續

（1559 年～1620 年）

侍奉的主君：上杉謙信、上杉景勝

侍奉上杉家，為上杉景勝的參謀，活躍於戰國時代。在家臣和其他家族中的聲望都很高。於北方關原「長谷堂城之戰」時打出的撤退戰，受到敵方最上義光和德川家康的讚賞。

本多忠勝

（1578 年～1610 年）

侍奉的主君：德川家康

德川四天王之一。是一位健將，據說
其經歷無數戰爭，一次都沒有受傷。
其名槍「蜻蛉切」和愛駒「三國黑」
在歷史上也同樣有名。

山中幸盛

（1545 年～1578 年）

侍奉的主君：尼子義久、尼子勝久

尼子家的家臣，通稱鹿之介。非常忠
誠，在主君的家族滅亡後，依然為家
族的復興而努力。世人以「山陰的麒
麟兒」稱讚其英勇程度。

其他有力的家臣

- 大谷吉繼　身為豐臣秀吉的家臣，參加了無數次戰爭。

- 島津家久　島津家的著名軍師，曾擊敗許多敵將。

- 竹中重治　織田信長的家臣，通稱竹中半兵衛。

- 甲斐宗運　為肥後國阿蘇氏鞠躬盡瘁的功臣。

- 島清興　身為石田三成的家臣，在關原之戰中奮勇戰鬥。

- 柴田勝家　織田信長的家臣團之一，負責北陸地區。

- 片倉景綱　伊達政宗的家臣，連豐臣秀吉都對他有高度評價。

- 太原雪齋　身為今川義元的左右手大顯身手的功臣。

- 馬場信春　身為武田氏的家臣，立下許多汗馬功勞。

等等

contents

第一章　背叛的法則

◆ 背叛感

◆ 背叛的方法

◆ **家臣的工作**

◆ **家臣的地位象徵**

第三章　處世的法則

◆ 家臣的就職活動

◆ 出人頭地

◆ 戰國時代的禮儀

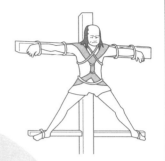

第一章

背叛的法則

與一般家臣對主君盡忠職守的形象不同,戰國是充滿背叛的時代,下克上和各種詭計是亂世的特色。本章將透過在戰國時期為了擴大權力和建功立業而出現的眾多背叛行為,來深入瞭解戰國時代。

不是逼人走上絕路的背叛可以原諒

一旦表現出戰鬥的姿態，就沒有背叛的餘地

「背叛」一詞在一般人眼裡，大多是負面的意思。然而，在戰國時代，背叛也被視為是一種生存策略。

拋棄一直以來侍奉的主君、投向敵人懷抱的行為稱為「不忠」。背叛者再次回去侍奉原本的主君也是一樣的道理。這種行為確實不值得稱讚，但戰國時代的風氣是，如果情有可原，例如為了人民或家族穩定等，不忠也並非罪不可赦。對於擁有領地，並且有義務保護家臣和領地人民生活的人來說，首要任務是判斷出應該侍奉的對象。若是做出錯誤的選擇，不僅會賠上自己和整個家族，連領地人民都可能面臨不幸，因此必須不擇手段。

不過，也有無論什麼理由都無法容忍的背叛行為，即「臨陣倒戈」。

小早川秀秋在關原之戰中的舉動就屬於這種情況。關原之戰是德川家康率領的東君，與石田三成等反德川勢力組成的西軍之間的戰役。開戰前雙方就開始利用書信等手段展開外交戰。秀秋曾為豐臣秀吉的養子，又被授予豐臣姓氏，當然毫不猶豫地加入西軍。然而，他在德川一派的慫恿下，於戰爭過程中倒戈，成為西軍戰敗的原因之一。也就是說，小早川秀秋先舉出盾牌向東軍展現出戰鬥姿態，結果卻在關鍵時刻叛變。

小早川秀秋在戰後不僅受到敵人的嘲笑，還受到盟友的嘲諷。不久後，他就因為沉迷於酒色而英年早逝，小早川家因沒有子嗣而被收回領地；小早川的家臣也因為出身叛變家族，難以到其他地方任官。但據悉，其中有許多人都在前田家和紀伊德川家等地謀得新官職。

背叛的意思

因情況而異的背叛感

從世俗的角度來看，背叛根據情況有好、壞之分。

不忠

侍奉某大名的家臣或從屬國眾，領土遭到敵人入侵時……

判斷出敵國比自己的國家還要強大後，為了領土和人民的安全而叛變。這種行為被稱為不忠，但這種背叛是無可奈何的選擇。

臨陣倒戈

在面臨戰爭時，展現出要與盟友一起對抗的姿態，卻與敵國相互勾結……

投靠暗地裡相互勾結的敵方，這個行為稱為臨陣倒戈。戰爭結束後，無論是敵方還是盟友都會對其保持警戒，並且遭到漠視。

擋在前方的人就算是親兄弟
也可以毫不猶豫地殺掉

符合的人 ▷	家老	一門眾	側近	役方	其他	符合的時代 ▷	戰國初期	戰國中期	戰國後期	安土桃山	江戶初期

🌀 骨肉相殘的背後
是爭奪繼承之位的野心

統治一國的家主是領國中最有權力的人。一旦坐上這個位置，地位將出現天差地別的變化。

即便是親兄弟，家主和非家主之間也有著嚴謹的主從關係。一般來說，家主會特別防備身邊的人。如果有同父異母的兄弟，還會牽涉到母親和身邊的人，容易成為家族內鬥的導火線，這就是所謂的骨肉相殘。

以美濃戰國大名齋藤道三的長男、側室之子齋藤義龍為例。齋藤道三將家主之位讓給齋藤義龍後，因為晚年溺愛正室生下的弟弟們，開始考慮廢除齋藤義龍的繼承權。因此，齋藤義龍假裝生病，暗殺前來探望的異母弟弟，舉兵在長良川之戰中殺死齋藤道三。可見作為下克上的代表、為人狡猾、有美濃蝮蛇之稱的齋藤道三，也會因個人感情介入繼承權，而被兒子齋藤義龍殺死。

織田信長的弟弟織田信勝在哥哥成為家主後，企圖造反爭搶繼承權，最後遭到謀殺。兩人是同母所生，這也代表很可能被另一人取代。對想要繼承家主的人來說，比起如母親代理戰爭的異母兄弟，親兄弟更具威脅性。被稱為獨眼龍的伊達政宗就將受母親寵愛的弟弟伊達小次郎逼上絕路。

在戰國時代，不僅兄弟，就連親生父子都是爭奪家主之位的競爭對手。從側近的立場來看，主人成為繼承人，代表自己也會跟著出人頭地。因此，這些人會作為軍師輔佐自己認定的主君，將自身智慧傳授給主君，以協助主君戰勝骨肉之爭。據說其中有很多人的靠山是正室或側室等繼承人的妻子。

骨肉之爭

繼承人之爭使家族一分為二

在戰國時期,以家庭為單位,父子和兄弟之間經常就繼承權和家族政策發生糾紛。

父子

也有父子在繼承權等方面發生爭執。其中大多是不受父親寵愛的人。

著名紛爭

天文之亂(1542年)

這是一場以伊達家為中心,牽連到東北地區各大名的父子之爭。伊達家嫡子伊達晴宗,為反對父親伊達稙宗的戰略婚姻而叛變。

兄弟

兄弟之間的紛爭大多是繼承權之爭。也有堂兄弟之間就母親是正室或側室而產生糾紛。

著名紛爭

花藏之亂(1536年)

駿河今川氏家的內鬥,是正室所出的駿河義元和側室所生的玄廣惠探之間的鬥門。最後駿河義元在母親壽桂尼,與被稱為是黑衣宰相的著名軍師太原雪齋的幫助下贏得勝利。

關原之戰後的真田家

西軍		東軍

真田昌幸　　真田信繁(幸村)　　　　　真田信之

真田家的生存之道是讓家主真田昌幸與其子真田信繁(幸村)加入西軍、嫡子真田信之則加入東軍。最後,真田信之在德川政權下成為上田藩主,並支持江戶幕府。

叛變後會被綁在柱子上
遭到長槍刺穿

符合的人 ▷	家老	一門眾	側近	役方	其他

符合的 時代 ▷	戰國 初期	戰國 中期	戰國 後期	安土 桃山	江戶 初期

🪧 為了延長罪人的痛苦，
故意用粗劣鋸子鋸斷脖子

江戶時代的處刑主要是對罪人處以刑罰。然而，戰國時代大多是用來處罰敵對勢力和謀反者。

在眾多的處刑方法中，最簡單的是切腹和斬首。斬首暫且不說，切腹在戰國時代是一種尊重被處決武士形象的方法。對家臣來說，這算是個能讓人接受的死亡方式。

與之相反，將罪犯綁在木板或柱子上，用長槍等武器刺殺的磔刑等則具有警戒作用，可以說是表達出大名不高興的方式。公開處刑是對於直到最後都不願意服從的家臣，或是羞辱自己的敵人間諜感到憤怒時，所採取的手段。為了延長罪人痛苦的時間，有時還會將人倒掛再處以磔刑。

鋸刑是一種光聽名稱就足以令人不

寒而慄的處刑方式。將罪人埋在土裡，用鋸子鋸傷其脖子後，將沾滿血的鋸子放在一旁，讓受害者親屬和路人都鋸一、兩下。這種處決方法是為了拉長罪人受苦的時間。因此，還會特地使用粗劣的竹製或木製鋸子。射殺織田信長失敗的杉谷善住坊，最後就是遭處以鋸刑而死。據說杉谷善住坊是受到南近江的大名六角氏的委託才接下暗殺任務，最後以失敗告終，死得慘不忍睹。到了江戶時代，鋸刑轉變成將罪人帶到廣場示眾，並象徵性地把鋸子放在一旁而已。

鋸刑通常只適用於殺害主人的罪人，不過這並不是刻意仿效織田信長的做法。

無論是東、西方都有各自的處刑方法，以上介紹的只是其中幾種。從這些處刑法來看，可見人類的想像力豐富到令人吃驚的程度。

處刑的類型

大名的憤怒程度也會影響罪刑的輕重

刑罰的種類在戰國時代相當多，如果是對主君露出獠牙的人，處刑時通常會被當作以儆效尤的例子。

切腹

以短刀切開腹部。這是一種尊重武士形象、考慮到受刑者面子的處刑法。

磔刑

將罪犯綁在木頭柱子上，用長槍刺穿或是用槍射穿罪犯的處刑方法。其中也帶有警告的意思。

鋸刑

將罪犯埋在街道旁，讓路人用竹子或木頭製的鋸子鋸斷脖子的一種刑罰。

遊街示眾

在進行磔刑等刑罰前，舉著寫有罪犯罪狀的牌子，讓罪犯乘著馬，在眾人面前遊行。

族誅

在主人犯下重罪時，其妻子、孩子，乃至親屬都得負連帶責任，一起被誅滅。

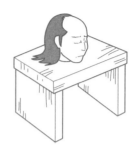

獄門（梟首示眾）

將被判處死刑的罪人頭顱放在平臺上，展示給民眾看。戰爭過後，作為功績，也會以同樣的方式將敵人首級示眾。

刑罰與處罰的種類

蟄居

即所謂的軟禁。罪犯被關在門窗緊閉的房間中，不能與他人見面，而且會密切監視罪犯是否有擅自外出。

關所

沒收罪犯或是在戰爭中沒能立功的家臣所持有的領地。

流放

將罪犯送到隱岐島或八丈島等遠方的刑罰。據說在移動的過程中，還可能遇到狩獵落難武士的人。

無嗣斷絕

家臣沒有繼承人，領土遭到沒收。一般認為沒有繼承人表示對主君不忠誠。

連坐

處刑對象為犯罪家臣的家屬。繼豐臣秀吉擔任關白的養子豐臣秀次,在涉嫌叛國後,包括其妻兒和侍女在內,有39人遭到連坐處決。如果連親戚都成為處刑對象,則稱為「緣坐」。

義絕

罪犯為了防止家族遭到連坐等懲處,與妻兒等親屬斷絕關係。必須向主君發出義絕書,並得到批准方得以成立。

Column

石川五右衛門的烹刑

石川五右衛門是活躍在安土桃山時代,以「天下大盜」之名而為人所知的盜賊。他有次將當時掌握天下的天下人豐臣秀吉鎖定為偷竊的目標,結果遭抓獲並判處烹刑。這件事在許多文獻中都有記載,普遍認為是事實,但也有人說五右衛門的死因不是煮死,而是被放入油中炸死的。

戰國時代締結的軍事同盟非常脆弱

背叛的法則 其四

作為軍事合作的回報，國眾得以擁有自己的領地

國眾（國人領主）原本是鎌倉幕府為了管理各地區而設置的地頭職位，最後成為實際統治該地區的領主。

進入戰國時代後，擁有城堡的獨立勢力——國眾紛紛從屬於戰國大名，成為家臣團的一部分。

不過一般而言，即使是從屬關係，國眾依然不同於大名的其他家臣。雙方之間的協議類似於現在所說的安全保障條約。交換條件大多是大名保證國眾在其領地的自治權，而國眾答應進行救援等軍事行動。

大名可以向一般家臣徵稅，但不能向擁有自治權的國眾課徵稅賦。也就是說，領地的統治權交由國眾，大名不能越權干涉國眾的領地。這種從屬關係有時是基於投降，有時是由國眾主動提出。在經過協商達成協議後，雙方會交換血判起請文（誓文），而且國眾會將妻兒當作人質交給大名。或許是因為，國眾擁有一個國家或郡的力量，大名別無選擇，只能接受這種程度的讓步。

部分國眾在該地區的統治勢力，甚至超過守護大名。他們會侵略鄰國以擴大領地，或是將其他國眾等編入家臣團的方式，將自身的影響力延伸到周圍。經過這一過程而成為戰國大名的代表性例子，有三河的德川氏、安藝的毛利氏，以及土佐的長宗我部氏等等。

國眾建立起地域國家，以特殊的立場點綴了戰國時代，但在豐臣秀吉統一天下的過程中，他們被迫從屬於大名，並逐漸融入家臣團裡。

這是以統一天下之人為頂點、大名分割統治時代的開始。

易主或下克上的國眾

國眾對大名來說是一個煩惱來源，因為只要遭到強國攻擊，他們就會屈服，但在認為大名實力不夠強時，他們又會發起下克上。

大名和國眾的關係

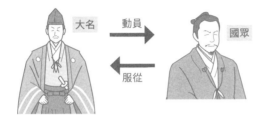

大名　動員 → 國眾

← 服從

家臣FILE

國眾出身的戰國大名

除了德川家和長宗我部家外，近江的淺井氏、陸奧的南部氏、信濃的真田氏等，也是從國眾的身分發起下克上，或是吸收其他國家逐漸壯大成戰國大名。

國眾的基本權利

領地所有權
國眾以戰爭時動員兵力為交換條件，從大名那裡得到領地的所有權。

拒絕大名的干涉
大名給予國眾領地的自治權，所以不得介入該領地的內政和軍事加強等事務。

Column

佐佐成政無力鎮壓的「肥後國人一揆」

國眾跟自己同盟時會讓人充滿信心，但國眾若是站在敵人那邊，就會成為麻煩。豐臣秀吉發起九州征伐後，治理肥後的大名佐佐成政奉豐臣秀吉之命推行太閤檢地，結果感到不滿的國眾發起叛亂。雖然其他大名前來援助後成功鎮壓，佐佐成政卻被要求負起責任，最後切腹自殺。

策反對象是
沒有出人頭地機會的敵國家臣

符合的人 ▷	家老	一門眾	側近	役方	其他

符合的時代 ▷	戰國初期	戰國中期	戰國後期	安土桃山	江戶初期

背叛的回報
是承諾給予金錢或領地

家臣的背叛在戰國時代是家常便飯，但仍必須承擔相當的風險，一旦敗露，就會受到處罰。因此，必須有一個讓家臣願意鋌而走險的契機，例如：遭到其他家臣排擠，或是發生醜聞而在家臣團中失去立足之地等等，陷入不得已的處境。在這樣的情況下，當事人自然會有背叛的動機，不過也有許多人是受到敵方的慫恿而叛變。從敵方的角度來看，這是一種戰略。

以攻城為例，遠征到敵方領地的攻擊方，不可避免地一定會處於劣勢。從抵達陣地的那一刻起，士兵就已經筋疲力竭，而且在敵方領地紮營是一件很耗費體力和精神的事情，再加上兵糧有限。因此，軍師和策士會計劃拉攏敵方內部的人成為內應，以打破這種局面。

雖說如此，沒有人會接受一個不會得到任何好處的邀請。這時，謀劃策略的攻擊方，會對可能成為城內內應的人提出幾個方案，最簡單的獎賞就是金錢和領地。

如果要攻入的城堡不是大名的根據地，而是其他輔助用城寨時，根據城主與大名之間的利害關係，提出比對方更好的條件，城主就極有可能會願意叛變。因為保衛輔助用城的人大多不是大名家族裡的家臣，而是當地的領主（國眾）。在這種情況下，向他們承諾戰後領土的所有權（保全領土）會相當有效。

撇開輸贏的問題不談，一旦進入戰爭的狀態，就不可能安然無恙。如同武田信玄所說「所謂的兵法即是不戰而勝」，重要的是要在避免流血的情況下攻下城堡。攻打小田原時，黑田官兵衛就是靠拚命地協商，最後才使得小田原城無血開城。

背叛的條件

向慫恿背叛的對象提出更好的條件

為了在戰爭中占據優勢,並盡快結束戰爭,除了金錢和寶物外,還要加上該領土所有權和家族復興等條件。

金錢
慫恿對方投敵的基本手段就是給予金錢。

寶物
贈予名刀、名馬及茶具等各種寶物,促使對方叛變。

領地所有權
允許身為國眾和家臣團的人繼續管理自己原本持有的領地,也是條件之一。

家族復興
對於遭到其他家族攻打而被迫從屬他人者,則會以大名的名義承諾幫助其復興家族。

27

沒有家臣的幫助，下克上就不會成功

符合的人 ▷	家老	一門眾	側近	役方	其他

符合的時代 ▷	戰國初期	戰國中期	戰國後期	安土桃山	江戶初期

要攻占一個國家，事前要做好相應的準備

室町幕府的權威隨著應仁之亂爆發而喪失。在過往價值觀開始動搖的過程中，出現了以力量奪取權力的下克上。然而並非每個人都能發動成功，要順利下克上必須做好事前安排。

第一步要確定的是，舉兵反叛時，誰會跟隨自己、誰會站在主君那方。若是無法避免武力衝突，有時人數將會成為決定性的關鍵，所以最好是做好成為多數派的準備。不過，即便人數處於劣勢，只要拉攏歷代重臣、戰場英雄、主君側近等家臣中的有力人士，也可以讓計畫更順利。因此，要盡可能地將他們招攬到自己的陣營，例如：透過締結婚姻、賄賂或承諾事後的榮華富貴等等。

相反地，儘管人數不多，其中仍會有對主君忠誠的人。若這些忠誠者又具有權勢，與他們為敵就會讓事情變得棘手。這時就要不擇手段地散布假消息，提前將他們趕下台。若能以造反者名義懲罰對方，將自己偽裝成忠誠者，就能達到一舉兩得的效果。

也有在領土之外尋求協助者的做法，意即借用大名或國眾等其他國家的力量。不過這是最後別無選擇才會使用的手段。因為就算殺死主君，如果其他幫忙的國家更占優勢，一切都將會是一場空。

殺死主君並不表示結束，反而可能作為謀反者遭到討伐。為了避免這種情況，要事前準備好將弒君正當化的理由，例如：主君是使人民受苦的昏君等等。要發起叛變，就要做好所有可以想像得到的措施，抱持著堅定的信念行動。在戰國時代，只有能夠做到這點的人，才能夠成功下克上。

下克上的流程

下克上背後的計畫

並不是每個人發起下克上都能獲得想要的結果，只有擁有能力和野心的人方能成功。

暗地裡的工作

展開情報戰，例如：指責主君的無能等等，與其他家臣組成反主君派系。

殺死、流放主君

當同盟的規模壯大到一個程度後，就舉兵殺死現在的主君，或是將其流放到其他國家。

傀儡化

為了加強自己的正當性，從前主君的親屬挑選能力較差者作為繼承人，以便在背後掌握實權。

再次殺害、流放主君

在家臣中鞏固權力，暗殺或流放繼承人，自己以大名的身分統治領地。

Column

在清洲會議成為繼任者的三法師與其後果

山崎之戰後，豐臣秀吉在清洲會議上將織田信長的孫子、當時才3歲的三法師立為繼承人。豐臣秀吉是為了自己的野心利用三法師，但在元服後，三法師改名為織田秀信，治理祖父傳下來的美濃，還跟著出兵朝鮮。不過，織田秀信在關原之戰中加入西軍而吃了敗仗，本來打算前往高野山出家，卻因為過去高野山與織田信長的紛爭遭到拒絕，不得入山，只能過著悽慘的生活。最後生活在山腳下，得年26歲。

內鬨是敵國精心策劃的陰謀

符合的人 ▷	家老	一門眾	側近	役方	其他

符合的時代 ▷	戰國初期	戰國中期	戰國後期	安土桃山	江戶初期

關係緊密的同伴，要用離間計使其分裂！

有一種戰略是利用各種計策使敵人從內部分裂。爆發武力衝突時，典型武士會將勝敗視為唯一結果，因此往往不受人歡迎。只要發起戰爭就不可能毫髮無傷，為了避免對我軍造成損失，利用策略不戰而勝才是上上策。

離間計是藉由向敵人散布謠言等手段，破壞同盟或君臣關係的計謀。據說1555年，毛利元就在與對立的大內家重臣陶晴賢展開決戰前，慫恿其重臣江良房榮成為內應。江良房榮的交換條件是要進一步擴大領地。於是，毛利元就將談判結果散播到陶晴賢周邊，導致江良房榮遭到誅殺。有一種說法是，毛利元就遭江良房榮堅決拒絕，才會散布假消息。無論如何，這都是廣為人知的成功離間計。

失去以智勇兼具為人所知的江良房榮，是陶晴賢在同年爆發的嚴島之戰中敗給毛利元就的主要原因之一。而且，據說毛利元就除了這次離間計外，從戰前就開始謀劃各種計策。毛利元就也因此作為戰國大名中著名的戰略家，聲名大噪。

羽柴秀吉和德川家康是最接近掌握天下的天下人之位者，他們曾在1584年的小牧長久手之戰展開正面對決。當時，羽柴秀吉與織田信長的次男織田信雄的關係不斷惡化。於是羽柴秀吉向織田信雄的3位家老——津川義冬、岡田重孝、淺井長時提出成為內應的提議。得知此事的織田信雄誅殺三家老，憤怒的羽柴秀吉舉兵與織田信雄和德川家康的聯合軍交戰。戰爭過程中，3位遭殺害的家老家族中，有人背叛了織田信雄，可見羽柴秀吉在戰前的布局非常成功。

離間的流程

存在於慘烈戰爭背後的心理戰

戰國時代會以謀略減少我軍損失，離間計就是一種方法，用意是讓對方開始疑神疑鬼。

離間計的主要模式

謠言

在敵方領地或城內，散布有關有力家臣與敵方勢力私下勾結的假情報，以此令大名和家臣的關係破裂。

書信

單純寄信給對方也能達到效果。有一則軼事是說，織田信長在攻打上杉謙信時，藉由書信假裝自己與先鋒柿崎景家私通，使上杉謙信產生懷疑，導致柿崎景家自殺。

誅殺、自殺、背叛

大名中計後，就會下令誅殺家臣，或是要求家臣切腹自殺。有些家臣在覺得自己的生命安全受到威脅後，就會選擇背叛投敵。

Column

連妻子都欺騙的織田信長

據說織田信長迎娶齋藤道三的女兒歸蝶後，每天晚上都會出門。當歸蝶質問他都去做什麼時，他便告訴歸蝶假情報：「在齋藤家作為內應的家臣殺掉齋藤道三之後，會點燃烽煙。」於是歸蝶將此事告訴齋藤道三，受騙的齋藤道三因此殺掉2名重臣。

只要有叛徒，
再堅固的城池也會輕易淪陷

有瞭解敵人內部消息的人，戰爭會更占優勢

內部的人成為暗地裡通敵的內應，也就是所謂的私通。有些人是接受敵方建議而選擇背叛，有些人則是放棄自己服侍的家族，轉而與敵人勾結。

武田信玄時代，以戰國之雄地位令人畏懼的武田氏，於1575年長篠之戰失敗後迅速衰落，許多譜代家臣離開繼承人武田勝賴。在甲斐武田氏的家臣團中，以武田信玄的親屬為中心者，一般稱為御一門眾（親族眾）。長篠之戰結束後，有的人選擇背叛原本主君武田氏，參與織田信長的計謀，木曾義昌就是其中之一。對重臣的叛變感到憤怒的武田勝賴，舉兵攻入木曾義昌的領地木曾谷，並處決作為人質的木曾義昌之母、嫡子和長女，織田信長因此有了藉口開啟甲州征伐。

同為御一門眾的穴山信君則與德川家康私通，條件是得到甲斐一國並繼承武田姓氏。有鑑於木曾義昌一事，穴山信君提前讓人質逃走。戰後，身為入侵甲斐嚮導的穴山信君，被提拔為德川家康的與力眾。

木曾義昌和穴山信君通敵的理由，可說是典型的主家衰弱化和主君愚昧。尤其當前主君是像武田信玄那樣的名君，繼承人不管做什麼都會遭人比較，而且往往會被認為比不上父親。其中或許有同情的餘地。

內應可能向敵方洩漏盟友的機密情報，或是將敵軍招攬到己方軍隊，所以在攻城戰中也能發揮作用。就算是固若金湯的城堡，只要從內側進行打擊也會馬上崩潰。攻城戰中，攻擊者往往必須消耗巨大軍力，所以最明智、最有利於士兵的戰鬥方式，就是慫恿內應者從內部打開大門。

內應的效果

內應作為挖角對象非常好用

除了從其他國家拉攏有能力的家臣，在事前達成共識，讓對方在戰爭中叛變的內應也是一種實踐性策略。

拉攏

從敵國或鄰近大名的家臣中，提拔有能力的人做為自己的家臣。

背叛

在戰爭中，將事前私通的敵方武將拉攏為自己的盟友。

易主

侵略他國時，國人領主等臣服於攻擊方。

奪取

家臣頂替主家主君，成為新大名治理國家。

Column

竹中半兵衛奪取稻葉山城

竹中半兵衛是一位著名的軍師。在侍奉美濃大名齋藤龍興時，為了勸告沉迷於酒色的齋藤龍興，讓待在城內作為人質的弟弟竹中重矩裝病，並以探病的名義進入城中，奪取堅不可摧的稻葉山城。

散布投敵的假消息有利於進攻

符合的人 ▷	家老	一門眾	側近	役方	其他

符合的時代 ▷	戰國初期	戰國中期	戰國後期	安土桃山	江戶初期

流言的恐怖之處在於，儘管知道是假的還是會相信

流言蜚語意指毫無根據的傳聞，意思與謠言相差無幾。現今時代，有人會使用煽動性的言語來擾亂社會，在戰國時代也是如此，戰場上經常會出現未經證實的流言。切合時宜的流言有時會具有無法區別真實與否的說服力，甚至足以影響戰爭的結果。

宣告戰國時代結束的大坂之役，在開戰之前，紀州的淺野長晟受到豐臣方（大坂方）的同盟邀請。自關原之戰以來，淺野長晟一直侍奉德川家族，但其實他原本是豐臣家的家臣。這個邀請本身並沒有什麼問題，不過淺野長晟的忠心早已奉獻給德川，所以他拒絕了此次的邀請。然而，確實有過邀請這一事實，反而種下了懷疑的種子。

歷經大坂冬之陣後，於元和元年（1615年）爆發了大坂夏之陣。在天王寺岡山之戰中，淺野長晟叛變的消息傳開，使德川方產生動搖。以勇將聞名的真田信繁（幸村）沒有錯過這一機會。據說他前後總共向德川家康的大本營發起3次攻勢，混亂之中，德川家康甚至還脫口而出要切腹自殺。真田信繁英勇奮戰的樣子，在後世被譽為是「日本第一勇士」，但他最終仍無法戰勝人數上的差異，沒能取下德川家康的首級。

如果真田隊趁著豐臣方散布假消息、造成德川方混亂時襲擊成功，順利奪取德川家康的性命，那大坂之役的結果可能會有所不同。即使最終勝敗沒有改變，豐臣家也可能逃過滅亡之局。從這個角度來看，此一事件可說是以流言為契機，使形勢差點逆轉的代表性例子。

散布流言的模式

謊言也會變成現實的流言蜚語

即使是毫無根據的假消息，也可以引起人類的猜忌心理。

流言蜚語的主要模式

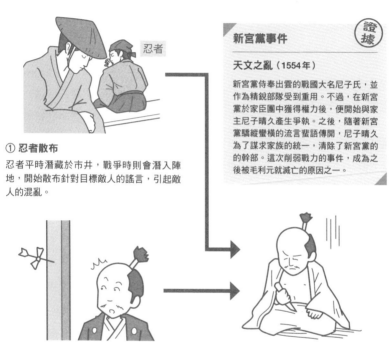

忍者

① 忍者散布

忍者平時潛藏於市井，戰爭時則會潛入陣地，開始散布針對目標敵人的謠言，引起敵人的混亂。

② 發送箭書

以潛入等手段，直接向敵方大名或家臣發送箭書，使其陷入他人猜疑的方法。

逼人自殺等

敵方大名或大將在受到流言影響後，會開始懷疑家臣，並將根本不存在的謀反嫌疑強加在家臣身上，命令其切腹自殺。

新宮黨事件　證據

天文之亂（1554 年）

新宮黨侍奉出雲的戰國大名尼子氏，並作為精銳部隊受到重用。不過，在新宮黨於家臣團中獲得權力後，便開始與家主尼子晴久產生爭執。之後，隨著新宮黨驕縱蠻橫的流言蜚語傳開，尼子晴久為了謀求家族的統一，清除了新宮黨的的幹部。這次削弱戰力的事件，成為之後被毛利元就滅亡的原因之一。

Column

風魔黨和暗號

一個計謀會改變戰爭的結果。因此，北條家的風魔黨為了在混入敵人中時，能夠馬上知道對方是敵是友，會使用「站立」、「坐下」等暗號。

得不出答案時，就觀望情勢爭取時間

從安全地帶觀望情況，跟隨占優勢的那一方

「觀望情勢」意指靜觀事變、以待決定，但在許多情況下，這個詞彙都帶有負面印象。從此延伸出的「牆頭草」一詞，一般也都是用來譴責對方的行為態度。戰場上也會採取觀望情勢的策略，視情況決定跟隨哪一方，不會一直與相同對象同盟。

從結果來看，站在占優勢的那方，或是追隨戰爭勝利者的態度，屬於戰術策略的範疇，但總會給人一種懦弱的印象。觀望戰術會左右家族存亡，經常會用於關鍵時刻。即便如此，這也不是值得稱讚的手段。

天正10年（1582年）發生了在戰國時代極為重大的事件，也就是本能寺之變。這場事變中，幾乎將天下握在手中的織田信長，因為明智光秀的叛變而殞落。可說這次的判斷與行動，影響了有力大名之後的命運。

事變發生後，主謀明智光秀向有親戚關係、交情深厚的筒井順慶請求幫助。然而，筒井順慶只是在山城國山崎南側的洞峠紮營，持續觀望局勢。在此期間，正在遠征中國的羽柴秀吉以驚人的速度回到畿內，於山崎與明智光秀的軍隊爆發衝突。

筒井順慶對於豐臣秀吉的邀請，也只是傳達服從，沒有真的發兵。直到戰爭結束前，他都沒有移動軍隊，是典型觀望情勢的行為。於是，後世便以「洞ヶ峠を決め込む」（見風使舵）來形容觀望情勢的樣子。

豐臣秀吉在山崎之戰獲勝後，指責了筒井順慶的姍姍來遲。筒井順慶觀望情勢的態度完全不符合一個武人該有的行為，但令人訝異的是，最後只是被斥責一下就沒事了。

其他的背叛法

狡猾活著是亂世的生存之道

在戰國時代，背叛的原因不光是離間、內應和流言蜚語，局勢和信仰也是背叛的理由。

觀望情勢

在戰爭中保持中立，採取不站任何一方的態度。等戰爭結束後，再加入占優勢的那方。

信仰的背叛

戰國時期是一向眾等宗教勢力強大的時代。因此，當侍奉的家族和信仰的宗教發生矛盾時，也有人會參與宗教起義。

家臣 FILE

宰相殿的空便當

毛利家是有權有勢的大名之一。在關原之戰時加入西軍，但真正開戰後，被安排在前方的吉川廣家拒絕出兵，軍隊因此停滯不前。還對盟軍謊稱「士兵現在正在吃便當」，結果毛利軍還沒打到仗，戰爭就結束了。德川家康在處理戰後事宜時，以毛利家觀望情勢、遲遲不行動的名義，沒收了許多領地。歷史上將此一事件稱為「宰相殿的空便當」，並作為故事流傳到後世。

家臣 FILE

本多正信的出走

本多正信身為德川家康的參謀，是幫助家康奪取天下的其中一人。起初，本多正信以鷹匠的身分侍奉德川家康，但在德川家康與其信仰的三河一向宗發生衝突時，他便逃走並加入起義。在叛亂被鎮壓後，本多正信在各國流浪，最後在德川家康的允許下再侍舊主。

有法律可以讓家臣束縛大名

符合的人 ▷	家老	一門眾	側近	役方	其他	符合的時代 ▷	戰國初期	戰國中期	戰國後期	安土桃山	江戶初期

大名分別制定 並活用分國法來管理領國

戰國時代的法律即分國法，是由各地大名獨立制定而成。沒有規定形式，內容和精細程度也因家臣而異，唯一共同點是，都是拿來當作統治領國的手段。為什麼會有背叛行為？為什麼稅收不穩定？為什麼領地裡糾紛不斷？由這些問題可知，統一管理家臣團和管控農民，才是經營領國的首要課題。正因如此，才會需要分國法。

《朝倉孝景十七條》是最早的分國法，據說是越前國守護大名朝倉孝景在文明11年（1479年）至文明13年（1481年）之間所制定。內容涵蓋多個方面，包括軍事、國防、民政、文化、審判、人才錄用及統一管理家臣等。其中還有一些有趣的條文，例

如：夜間不得在城內進行能樂表演。此分國法在後世的評價很高，當時也具有相當大的影響力。一般認為，鄰國甲斐武田氏《甲州法度次第》也是以此為範本制定。

駿河今川氏親制定的《今川假名目錄》中規定，任何闖入他宅者，即使只是男女私通，也可以殺害。不過，同時也明確記載，如果入侵者和宅第的女傭結婚，將以驅逐出境來處理。是一個很有時代感的條文。

另外，分國法一般給人的印象是以大名的角度制定，目的是控制家臣。不過，近江的六角義賢及其子義治父子訂立的《六角氏式目》中，可見家臣以法律束縛大名的內容，例如：「御判或奉書（寫有大名指示的文件）未經家臣審理不得發布」、「需在不損害農作物的情況下，砍伐竹木」。因此，被稱為是日本版的《大憲章》。

今川假名目錄

作為範本的戰國分國法權威

《今川假名目錄》由駿河的今川氏所編寫，包括追加在內的條文共有54條。完成度高，影響了其他的分國法。

潛逃家臣的處置

除了犯罪者及世世代代侍奉其家族的人之外，家臣逃跑後，超過20年沒有回來，就應停止搜索，且不得將其帶回。

處理遇難的船隻

當遇難的船隻漂流到岸上時，必須找到原主人並歸還。如果找不到船主，就將船隻解體並捐贈給神社，當作維修的材料。

與其他國家的交流

如果收到他國給家臣的書信，為了防止私下勾結，未經主君的允許不得回信。

關心家臣和人民

《今川假名目錄》中表示，抗議上位者是忠誠的表現，所以不需顧慮。根據分國法，提出控訴的人會給予獎賞。

詳細載明對家臣的規定

伊勢宗瑞（北條早雲）訂立的分國法，詳細記載有關家臣的生活以及應有的舉止態度等。

早睡早起

大部分的家臣都常睡過頭，因此北條早雲以在戌時（晚上7點到9點）前尚未就寢就會遭小偷為由，將早睡早起納入分國法中。

不要羨慕別人的服裝飾品

如果穿著或配戴受他人影響的衣服、刀具，或是身著高價物品，反而會遭到周圍嘲笑，因此才會規定家臣的服裝只要整潔即可。

不准閒聊

北條家嚴格禁止在他人看得到的地方談笑風生或是閒聊。也不允許與做出這種行為的人來往。

空閒時間用來讀書

戰國時代識字率低，為了讓家臣學會讀寫的技能，因此要求他們平時要隨身攜帶書籍，只要有空閒時間就翻閱。

塵芥集

完全照抄《御成敗式目》的分國法

伊達稙宗在訂立《塵芥集》時，是以《御成敗式目》為範本。
也許是受此影響，有些直接引用的地方並不確切。

不能「以牙還牙」

家臣或領地的人民遭到他人毆打時，如果在
主君懲罰對方前還擊，那自己也得受到處
罰。這就是所謂的「禍不單行」。

受傷人數較多的那方獲勝

打架或起口角時，不管爭吵的輸贏是如何，
勝訴的都是受傷者較多的那方。

欲速則不達

前往主君家出勤時，嚴禁因為遲到等理由擅
自通過封鎖道路抄近路，違者會受到處罰。

自帶證人

發生竊盜、搶劫等犯罪行為時，受害者必須
自己帶著證人，才能得到奉行的審判。

正確評價家臣的能力
以避免遭到背叛

符合的人 ▷	家老	一門眾	側近	役方	其他

符合的時代 ▷	戰國初期	戰國中期	戰國後期	安土桃山	江戶初期

恩賞與貢獻達到平衡
有助於防止背叛

「家臣必定會背叛」，這在有著叛主認知的戰國時代是無庸置疑的。武士的主從關係本來就不講情面，在此基礎下形成的，就是「恩賞與貢獻」的思考方式。也就是說，身為主君的大名會以保障知行（土地或俸祿）作為回報，成為家臣的人要在戰事等方面進行貢獻。

在這個情況下，只要家臣得到的領地或金錢等俸祿與付出的勞力相符，就不會出現問題。另一方面，對給予知行的主君來說，如果家臣的貢獻值得付出的俸祿，那就沒什麼可抱怨的。問題在於，當這個平衡崩潰時，付出更多的那方會愈發地感到不滿。

舉例來說，當認為家臣的貢獻不值得給予那麼多恩賞時，主君可能會減少或沒收家臣的領地；相反地，家臣在認為得到的恩賞不足以令人滿意時，可能會選擇拋棄主君離開。

有句成語叫作「信賞必罰」，意思是賞罰嚴明。如果主君沒有表現出有功必賞、有過必罰的態度，家臣便會與主君心志相違。

也就是說，除了親屬和同一家門外，戰國時代一般的主從關係相當於現今的合約。視毀約的情況而定，家臣很可能因心生不滿，而選擇背叛或倒戈。

在去留自由的風氣中，想抓住作為重要戰力的家臣，主君必須懂得適當地掌握人心。從家臣的角度來看，只要確定為主君的家族贏得戰爭後，便能得到增加知行的恩賞，自然就不會想要背叛。換句話說，若是大名給予的恩賞過於糟糕，家臣就會因為待遇不佳而選擇叛變。

大名與家臣的關係

從鎌倉時代延續下來的恩賞和貢獻關係

戰國時代也有過封建制度。不過，如果大名沒有注意信賞必罰，家臣就會考慮下克上。

恩賞與貢獻

恩賞
大名保證給予家臣領土和自治權。

貢獻
為報答大名給予的恩賞而盡力效勞。

家臣團

避免遭到家臣拋棄

戰爭獲得勝利
贏得戰役是促使家臣團結的重要一環。如果領土擴大，家臣不僅不會逃跑，還會增加。

正確的評價
戰後需論功行賞，不能只賞自己偏愛的人。

信賞必罰
在平時的內政和戰爭中，對建立功勞者給予獎勵；相對地，面對犯罪者或違反軍令的人，則要給予懲罰。

權威在以實力說話的時代
沒有意義

符合的人 ▷	家老	一門眾	側近	役方	其他

符合的時代 ▷	戰國初期	戰國中期	戰國後期	安土桃山	江戶初期

在以權威說話的時代，有實力會更加分

戰國時代，包括侍奉大名的家臣在內，過去遭到輕視的小領主、出身可疑者都能藉由下克上飛黃騰達。然而，想讓這些人願意服從，大名必須同時兼具實力和權威。這裡的實力是指軍事力量，權威則是指官職。

石川數正曾為德川家康身邊有名的參謀，從德川家康作為人質的時期就開始侍奉在側。不過，在小牧長久手之戰後的天正13年（1585年），石川數正突然離開德川家，臣服於豐臣家。石川數正的真正動機至今尚不明朗，但可以看出是喜歡策劃計謀的豐臣秀吉先做出邀請。可以說，他是屈服於當時建立起強大勢力、最接近天下人的豐臣秀吉。由於石川數正曾是德川家重臣，知道許多軍事機密，他的離開對德川家康產生極大的影響，導致德川家不得不改變軍事制度。

此外，被命為關白的豐臣秀吉與成為征夷大將軍的德川家康，其官位對家臣來說是無法忤逆的巨大震懾力。不過，無論頭銜再厲害，如果沒有實力，就沒什麼意義。

例如：北條氏康將統治關東的關東管領上杉憲政驅逐出境時，繼承關東管領一職的上杉謙信舉兵進攻關東。以官位來說，上杉謙信的地位遠遠高於沒有任何官職的北條氏康，而且其他關東的將領也都追隨上杉謙信。走投無路的北條氏康把自己關在堅不可摧的小田原城，最後以撤退告終。此後，每當受到上杉謙信攻擊時，北條氏康都會反擊，並在關東一帶擴張領土，家臣也因此開始信任北條家。結果，直到遭到豐臣秀吉的攻擊前，北條家成功地在關東成為一大勢力。

有實力的人會成為權威

就如同北條氏以武力將關東管領的上杉氏驅趕下臺一樣，徒有官銜沒有實力的人，是無法治理國家的。

有實力的權威

實力
必須有足以抵擋敵國、遏止下克上的武力。

權威
朝廷授予的官職是權威的象徵，階級的差異如同上下關係。

服從
透過兼具實力和權威，有助於防止家臣團的背叛和下克上，使其願意服從或臣服。

Column

利用安土城來神化自己的織田信長

安土城擁有巨大的天主（位於山頂的城堡），並充滿威嚴。有一說法表示，織田信長除了想要穩定治理日本，還將用來招攬一國之主的天皇所住的宮殿安排在自己寢殿（天主）之下，以將自己神格化。

得到想要的一切！
物質豐富的人質生活

符合的人 ▷	家老	一門眾	側近	役方	其他

符合的時代 ▷	戰國初期	戰國中期	戰國後期	安土桃山	江戶初期

🍙 儘管過著好日子，卻隨時得面臨生命危險

戰國大名會扣留人質，不讓同盟對象輕易背叛自己。尤其是對於只有1名繼承人的家族而言，這是促使他們盡忠職守的最大理由。

基本上都會選擇對方血親作為人質，例如：兒子、母親或妻子等。尤其是將身為繼承人的嫡子扣為人質，能夠極大程度地防止背叛。當然，也有重要親人成為人質，卻依然選擇叛變的情況。從這個決定可以看出背叛者已經做好極大的覺悟。也有可能是為了降低對方的警惕心，故意將身邊的人送去當人質。若是如此，可能說是犧牲者會更為恰當。

人質的待遇不一定都很糟糕。只要是從重要人物那裡扣押的人質，都會得到應有的待遇。今川義元擁有以駿河、遠江為中心的廣闊領土，德川家康在還以乳名竹千代為名時的少年時代，就被送到今川家成為人質。竹千代在今川家的待遇相當高，不僅能學習武士該有的知識和態度，元服時還得到今川義元名字中的一字，取名為元信（後改為元康）。此外，迎娶對象還是今川義元的姪女（後名為築山殿）。

很少人一輩子都是人質。一旦送出人質者與扣押人質者之間的關係發生變化，人質的立場就會變得頗為微妙。雙方關係惡化，當然會使人質陷入緊張的狀態；但如果關係惡化的程度還可以，人質頂多是送回老家。然而，若是關係不穩定到戰爭一觸即發，人質就有可能遭到殺害，以用來警告對方。其中有些人質會自己了斷性命，避免敵方將自己作為交易籌碼。不過也有人過著好日子，一切取決於主君家的意思。

人質的生活

德川家康在人質時期學習了許多學問和武藝

一般印象中，會覺得德川家康的人質時期過得並不愉快，但他正是在這個時候，打下了成為掌握天下之人的基礎。

德川家康的人質生活

勤奮學習

據說被扣押在今川家的德川家康，不僅向智源院的智短和尚習字，還向身為軍師的太原雪齋學習學問。

磨練武藝

據悉德川家康精通武藝，甚至達到高手的境界。想必是因為從人質時期就開始磨練武藝的關係。

獲得名字

德川家康於14歲舉行元服儀式時，從今川義元那裡獲得到「元」字，取名為「元康」。

迎娶女兒

德川家康16歲時，與今川義元的姪女築山殿結婚。其後第一次出戰，並贏得了勝利。

Column

井伊直政與大政所

小牧長久手之戰後，豐臣秀吉想要將德川家康置於自己的控制之下，於是將親生母親大政所作為人質送到德川家康手中。當時，井伊直政被任命為負責照顧大政所的人。井伊直政對大政所相當恭敬，有時還會拿著點心討好大政所，再加上外表端莊，因此深受大政所和侍女喜愛。最後，他順利完成任務，沒有讓主君丟臉。

人質一旦背叛，就會遭到竹槍穿刺

符合的人 ▷	家老	一門眾	側近	役方	其他

符合的時代 ▷	戰國初期	戰國中期	戰國後期	安土桃山	江戶初期

作為背叛的報復對象！人質悽慘的結局

如果背叛的報應是自己的性命，那也算是能夠接受的結局。不過，實際上事情並沒有這麼簡單。若對方不是絕對強大的人，那人質的意義大多是作為對上位者忠誠的證明，以及對盟友信任的保證。在此情況下，背叛就等同否定忠誠和信賴，人質會被用來報復和警告。

即使遭到背叛的那一方沒有受到太大的損失，若是不小心對人質表現出好意，就會成為其他人輕視自己的原因。不僅會沒面子，家臣還會認為自己的主君是不會報復背叛者的膽小鬼，敵對勢力也會認為對手的想法很天真。想成為戰國時代的勝利者，就必須展現出堅決的決心。

對人質來說，採取背叛行為的人可能是父親、丈夫或是主君，應該會經常思考自己被拋棄的可能性，當受到處決時也會感到非常絕望。而且，報復者往往會對人質採取殘酷的處決方式，例如：比磔刑更狠毒、以竹槍從肛門刺向喉嚨的穿刺刑。

當然，背叛者也無法安然無恙。為了自身目的而犧牲親人這點，會成為受到世人責備的原因。雖然或許會得到旁人的同情，但也可能被貼上對親人見死不救的「冷血」標籤。

此外，有價值的人質並不多，若是將人質隨意當作棄子用，親人的數量就會急遽減少。豐臣秀吉死後，豐臣家之所以會滅亡，親屬人數過少也是原因之一。

對於一個家族來說，擁有血緣關係的親戚，不僅僅是最親近的友軍。當需要有人繼承家主時，還具有維持權力的說服力。

人質的命運

替家臣受罪的人質

人質原本的用意就是用來遏止家臣背叛。當家臣易主或叛變時，其妻兒都會直接遭到處決。

家族背叛後人質的命運

遊街示眾

當家臣背叛後，其扣押在主君家的人質會被帶出城堡或宅第，並在前往處刑場的過程中在市區遊街示眾。

磔刑

將人質綁在柱子上，用長槍或槍枝處決。有時甚至還會執行以長槍從臀部貫穿到喉嚨的「穿刺刑」。

Column

荒木村重背叛織田信長的人生

荒木村重曾治理攝津，隨著織田信長前往京都，開始服侍織田家。受到織田信長重用，甚至將攝津國交給他管理。荒木村重相當順從織田信長，還有傳聞說，織田信長用刀子刺饅頭遞給荒木村重，他還一臉淡定地放入嘴裡。然而，在織田信長攻打本願寺時，荒木村重因為與織田信長個性不合，加上家臣暗自向本願寺倒賣兵糧等，最後決定背叛織田家，在守城時拋棄妻兒逃走。成為人質的正室、兒子及侍女等近160人遭到處決。織田信長死後，他以「道糞」之名成為茶道之人，而且據說他還跟千利休見過面。

武士所嚮往的鎌倉時代末期英雄
「楠木正成」

在背叛時代也是「忠臣的榜樣」

　　不僅在戰國時代，從江戶時代到戰爭時期，日本國民嚮往的對象一直都是楠木正成。楠木正成協助後醍醐天皇討伐鎌倉幕府，無論遇到什麼困境，都抱著忠誠心戰鬥到最後。為了表彰他的功勞，皇宮內建造了他的銅像，而且天皇家族世世代代都歌頌著他的忠誠。到了江戶時代，楠木正成在日本人心中受歡迎的程度大幅提升。也許是受到來自中國的儒家思想影響，當時的風氣將對主君或組織的忠誠視為理所當然。戰國時代是充滿背叛和謀反的血腥時代，但依然有許多人閱讀楠木正成作為角色登場的《太平記》。楠木正成與侍奉豐臣秀吉的半兵衛一起，被後世稱為「昔楠木，今竹中」，可見其作為忠臣的典範，非常受到民眾愛戴。

第二章

家 臣 的 法 則

本章將介紹侍奉戰國大名的家臣所擔任的職位、工作及日
常生活。藉由瞭解家臣的工作及相對應的俸祿、住所、衣
著、教育和茶具等地位象徵，一覷日本昔日的景色。

二把手的任務是團結家臣

符合的人 ▷	家老	一門眾	側近	役方	其他

符合的時代 ▷	戰國初期	戰國中期	戰國後期	安土桃山	江戶初期

家臣團中位階最高的職位 根據大名有不同的稱呼

大名的家臣團中，位階最高的職位是家老。家老非常重要，從鎌倉時代起就存在於武家，而且會同時輔佐主君軍事和內政兩方面。其稱呼會根據大名家的制度而有所不同。

在織田家的稱呼為「宿老」，柴田勝家，丹羽長秀、池田恆興、羽柴秀吉都是擔任這個職位；武田家則是稱為「兩職」，由分家的板垣信方和甘利虎泰擔任此一職務；九州豐後的大友家則將擔任此一職位的立花道雪稱為「年寄」。順帶一提，到了江戶時代，年寄的職務逐漸轉變成負責替將軍掌管內政和財政。

以家老為首而組織化的家臣團，隨著規模不斷擴大，主君很難獨自掌控一切，因此開始採取寄親寄子制。

一如其名，這種關係類似於監護人和受監護人的親子關係，由大名指定的家臣擔任寄親。

大多數的情況下，大名會任命值得信任的優秀家臣為寄親，新進的家臣則會以寄子的身分受寄親管理。而且大名會保障寄親的地位，以加強彼此的主從關係。同時還制定了一系列的規定，例如：禁止寄子未經許可隨意更換寄親，而且寄子對大名提出抗議時，必須透過寄親。不過，身為寄親的家臣也不能任意行事，嚴禁不給予寄子任何恩惠，讓其永遠作為寄子。

採用寄親寄子制的戰國大名，有北條氏、今川氏、武田氏、六角氏以及毛利氏等。

鎌倉時代的武士，有血緣關係的人會組成團體，名為「惣領制」。而寄親寄子制就算沒有血緣關係，也能藉此壯大組織。

家老的職務

同時輔佐軍事、內政兩方面的重要職位

家老是輔佐戰國大名的二把手。其稱呼會因地區而不同，又稱為宿老或年寄。

家老的職務：平時

作為家臣之首，平時大多忙於管理領國和外交等內政領域。

家老的職務：戰時

戰爭時，會作為部隊的首領指揮軍隊。

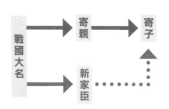

寄親和寄子的關係

戰國大名會命優秀的家臣為寄親。新的家臣稱為寄子，並受寄親管理。寄親和寄子都是戰國大名的家臣。

戰國 FILE

主君的稱呼也不同

對室町幕府有貢獻的大名，會被授予「屋形號」的稱號。因此，戰國時代初期，戰國大名被敬稱為「御屋形樣」。後來，室町幕府的權威一落千丈，戰國大名的稱呼就變成「殿」，而成功統一天下的戰國大名則尊稱為「上樣」。

血緣關係愈是密切的家臣，愈容易成為清除的對象!?

符合的人 ▷	家老	一門眾	側近	役方	其他

符合的時代 ▷	戰國初期	戰國中期	戰國後期	安土桃山	江戶初期

大名的親屬會得到特別的地位

由大名的兒子和兄弟等有血緣關係的人組成的家臣團，即稱為一門眾。沒有嚴格規定要是大名的幾等親內才能加入，且在家臣團中會被給予特別的地位。以織田信長為例，其弟弟織田信包和次男織田信雄都是以一門眾的身分參與政事。

這或許是偏袒自己人的表現，不過一門眾能如此受到重用，最大的原因是基於「不會背叛血親」的信任感。在背叛是家常便飯的戰國時代，沒有什麼比血脈相連的羈絆更值得信任。實際上，確實有很多大名藉由與一門眾形成堅固統治體制，成功拓寬版圖。以「三支箭」這一軼事而聞名的毛利家，就是由次男吉川元春、三男小早川隆景作為一門眾，輔佐從毛利元就手中接過家主之位的長男毛利隆元，因而鞏固了對中國地方的統治。此外，統治關東的北條家也是利用一門眾的力量，治理廣闊的關東平原。

一門眾為了國家繁榮，結成牢固的羈絆，但其影響力有時也會成為大名最大的弱點。據說，北條家之所以在統一天下之人的豐臣秀吉手中走向滅亡，就是因為北條氏政與一門眾無法達到共識，家族才會衰退。

此外，有時大名和一門眾的信賴關係，也會因敵方的離間計而產生裂痕。在毛利家繁榮之前，曾為中國地方大名的尼子家，由叔父尼子國久輔佐家主尼子晴久。兩人的關係原本相當緊密，卻因毛利元就的計謀，使尼子晴久開始懷疑叔父，並因為害怕遭到背叛而處決其一族。考慮到一門眾極大的影響力，這恐怕也是理所當然的結果。

支持大名家族的重臣

教育負責人、輔佐人、傭兵

家臣的工作

家臣的地位象徵

一門眾的職務

由血緣關係緊密的家臣組成一門眾

與戰國大名有密切血緣關係的人，稱為一門眾。其中有許多相當於子女或兄弟的人，他們主要的任務是輔佐戰國大名。

一門眾是親屬

一門眾為家臣中最有影響力者。基於血緣關係的信任感，鞏固了大名與家臣間的羈絆。

負責擔任大名的替身

大名的兄弟成為一門眾的一員後，由於長相和身高相似，還會作為大名的替身活動。

一門眾的缺點

血緣關係愈堅固，在產生矛盾時，造成的影響也會愈嚴重。敵人有時會散布假消息來破壞一門眾之間的信任。

四男以後如同螻蟻！
非繼承者都會受到冷遇

符合的人 ▷	家老	一門眾	側近	役方	**其他**	符合的時代 ▷	**戰國初期**	**戰國中期**	**戰國後期**	**安土桃山**	**江戶初期**

🖐 對於非繼承者的待遇 冷酷到令人難受

擁有好幾名側室的大名，自然會有許多孩子。其中，繼承家主之位的一般都是長男，次男、三男則是作為候補繼承人，以防長男早逝。相反地，四男之後的兒子往往會離開宗家，例如：作為分家，在哥哥繼承宗家後，成為家臣；或是被其他家族收養、皈依出家等等。

即便是與主君同族的分家，也是家臣的家門。為了將其視為獨立的另一個家族，會給予其與延續嫡系血統的宗家不同的姓氏。

不過，即使姓氏不同了，兩家依然是親戚，有著一層堅固的羈絆，因此分家對宗家的忠誠心會特別高。例如：在甲斐的武田家，就由分家出身的板垣家和甘利家擔任家老，以輔佐作為宗家的武田家。

對生活在現代的我們來說，可能會覺得沒能成為繼承人的孩子得到的待遇有點過分。然而，這麼做其實是有原因的。這是為了防止家主突然死亡後，出現無視先後順序的繼承人之爭。家臣想要掌握大名家實權、擁立年幼孩子，展開「繼承人之爭」，並不是什麼稀奇的事。為了避免發生這種情況，就必須削弱繼承人以外的孩子擁有的權力。

作為繼承人的長男，以及候補繼承人的次男、三男，會受到日後要作為大名的菁英教育；相對地，四男以下的兒子則可說是大名的棋子，有時會送到其他家族當作人質。甚至還有記錄顯示，中國地區的霸主毛利元就，將四男以下的孩子都稱為「螻蟻」。

順帶一提，駿河的今川義元作為五男出生，4歲時便皈依出家。但因為候補繼承人接連去世，才被叫回宗家繼承家主之位。

家主的繼承

僅候補繼承人受到優待的家族系統

在戰國時代家族的存續是一大課題，四男以下的孩子因為成為繼承人的可能性較低，而受到冷遇。

嫡子

繼承者的第一人選是正室生下的嫡子。即便側室先生下孩子，正室的長子依然是最有可能成為繼承人的人選。

受到冷遇的孩子

四男以下的孩子有些會被送入佛門，與塵世隔絕，禁止結婚生子。

人質

有時勢力強大的國家會將小國的兒子當作人質。大國會讓他們接受菁英教育，以在未來成為大國的重臣。

成為家臣的兄弟

確定繼承人選後，其餘兄弟會編入繼承人的家臣團中，作為一門眾等高階家臣，輔佐戰國大名。

大名身邊的小姓
會被叫去當夜晚陪伴的對象

🌏 大名的側近有各種職務

在大名身邊包辦雜事與文書工作的職位，稱為「側近」。

側近主要有小姓、右筆、近習和取次等。他們離大名最近，所以大名會從值得信賴的人中選出人選，並承諾他們未來能成為重臣。

小姓大多是年紀不大的孩子，其中漂亮的男孩子尤其受大名喜愛。在戰國時期，普遍認為大名與男性發生性關係是理所當然的事情，所以小姓還得照顧主君的下面。

據說有武田四天王之稱的高坂昌信也曾是武田信玄的性關係對象，還留下一則軼事。

高坂昌信得知武田信玄與其他小姓外遇後大發雷霆，有一段時間拒絕前往城堡。驚慌失措的武田信玄拚命地想討好高坂昌信，甚至送出一封辯解信表示「有向對方求愛沒錯，但沒有做到最後」。

近習負責在主君的身邊護衛，也是由值得信任的人擔任。據悉，近習必須要24小時保持警戒狀態。當晚上主君睡覺時，他們會輪流在名為「近習番所」的地方進行守衛。

戰國時代的大名中也有人不識字，這些大名會重用「右筆」這個職位，替自己寫信或書寫行政相關的紀錄。豐臣政權時期，五奉行之一的增田長盛就是作為右筆，被豐臣秀吉招攬到豐臣家。

「取次」是家臣團想要向主君報告時，充當中間人的角色。無論是書面還是口頭，都必須透過取次才能進入主君的耳裡。這是一個相當重要的職位，有時甚至需要去和其他家族或朝廷進行交涉。

照料大名

一切都是為了成為重臣

以小姓聞名的森蘭丸、右筆出身的增田長盛等，有許多家臣是作為大名的側近而出人頭地。

側近的種類

大多是美男子

小姓

處理大名身邊的雜事、準備鞋子和打掃外，在戰爭中還要冒著生命危險守護大名。長得漂亮的小姓也會被大名當作性關係的對象。

右筆

工作是替主君執筆撰寫書信等文書。中世紀武士的識字率普遍低下，因此在做文書工作時，右筆可以派上很大的用場。

大名　近習

大名　朗讀書信的取次

近習

在大名身邊負責護衛的職位，由值得信賴的人擔任。不僅是戰爭時期，就連主君睡覺時也要輪流守衛。

取次

在主君和家臣之間傳達要事的人，有時也要進行外交協商。是一個在主君和他人之間擔任中間人的職位。

不只是日常生活，
目付還得監視戰場動向

任命家臣中最優秀者為役方並派到領地各處

「役方」是代替主君負責執行內政、交戰和審判等的職位。這個職位相當重要，必須在實務面上推行主君決定的事項，因此大部分是從家臣中選出能力尤其突出者來擔任。

役方中最具代表性的是「奉行」。由代替主君執行政務的文官組成的團體稱為「奉行眾」，最著名的例子是豐臣政權底下的五奉行。其他還有負責城堡等建設工作的「作事奉行」、石牆和護城河等土木工程的「普請奉行」、管理城下町的「町奉行」，以及治理農村的「郡奉行」等。

大名為了提高統治效率，大多會將領地劃分成郡，以郡為單位來管理。被派遣到各郡的家臣名為「郡代」，負責徵兵和徵收稅賦。對於擁有廣大領土的大國來說，是不可或缺的職位。根據資料顯示，相模的北條家和甲斐的武田家等家族裡，都有郡代的存在。此外，被派遣至領地重要據點的家臣稱為「代官」，由政治能力尤其優秀的人擔任。

「目付」負責在戰場上監視士兵是否違反軍令、檢查作為論功行賞根據的首級，平時還要監視家臣行動並向主君報告，是令人望而生畏的職位。

交戰時，「軍監」這個職位擁有目付的權限加上參謀的作用。1585年，羽柴秀吉（後改為豐臣秀吉）遠征四國時，讓黑田官兵衛以軍監的身分與經驗尚淺的宇喜多秀家軍隊同行。由於黑田官兵衛的智謀，作為先鋒登陸四國的宇喜多軍接連攻陷一座座城堡。自此之後，宇喜多秀家與德川家康、前田利家一起被選為豐臣政權高階家臣五大老之一。

役方的職務

役方代替忙碌的主君工作，活躍於戰國

戰國大名無法獨自一人管理國家，因此會由名為「役方」的家臣代理各種工作。

役方任命制

如果役方在戰國大名離開本國時趁機造反，國家就會馬上垮臺，所以戰國大名會親自任命值得信賴的人擔任此職務。

目付

目付負責監視家臣，並糾正紀律。也會進入戰場，監視士兵是否有違反軍紀的情況。

郡代

由家臣中政治手腕尤其突出者擔任，負責徵收稅賦和管理統治地區。

軍監

擁有目付的權限，還作為參謀的角色。戰爭時期，有時會以參謀的身分參與作戰和軍事行動等計畫。

值得信賴的家臣
會成為大名之子的家庭教師

從武藝到作為主君的心態，教授幼主一切的職位

作為繼承人的大名兒子，從小就要接受成為家主的菁英教育，這時負責擔任教育員的就是「傅役」（守役）。因為是培養下一代大名的重要職位，會從家臣中挑選值得信賴又兼具實力、品性的人。傅役的主要工作是指導幼主劍術，並照顧其日常生活。此外，還必須對幼主的行為負責。

武田信玄的嫡子武田義信，在與父親的爭執下起兵造反，最後以失敗告終。當時擔任傅役的飯富虎昌與武田義信一起自殺，為自己沒能事前阻止武田義信謀反、沒能培養出優秀繼承人而承擔了責任。此外，擔任織田信長傅役的平手政秀，據說為了勸諫因怪異行徑而被稱為是「大傻瓜」的織田信長而自殺。平手政秀死後，織田信長不再做出怪異行為，後來還命人建造了平手政秀的菩提寺。

傅役教授幼主所有武藝和作為主君應有的樣子，學問方面則由僧侶負責指導。在當時的最高學府京都五山學習的僧侶，有許多人會受到地方大名之邀，成為繼承人的家庭教師。他們教授的學問內容從讀寫到佛教經典，還包括四書五經、兵法等中國和日本古籍，以及書法等。

除了教授一般學問的老師，有些僧侶也同時擔任傅役的角色。今川義元的傅役太原雪齋，出生於駿河今川家家臣的家族，14歲時出家成為僧侶。因受命養育今川義元而回到駿河，此後在內政、外交兩方面輔佐繼承家主之位的今川義元，使今川家更加難以撼動。太原雪齋去世後5年爆發了桶狹間之戰，有人認為假設他還活著，今川家或許可以免於滅亡。

傅役的職務

照顧大名的孩子是家臣的工作

戰國大名會從家臣中選出擔任傅役的人，作為幼主的教育負責人，照顧幼主的日常生活並教授各種武藝。

傅役

幼主

傅役是武術老師

教育戰國大名的幼主是關係到國家未來的重要工作。傅役需嚴格磨練幼主的武藝，如：劍術、馬術、弓箭、相撲等。

幼主

傅役

傅役還充當照顧者

傅役不僅要教授武藝，還要照顧幼主的日常生活。幼主若做出問題行為時，傅役會受到懲罰，甚至被判處死刑。

僧侶

幼主

學問的老師

教導幼主讀寫等學問，由禪寺的僧侶負責。有些幼主在成為大名後，也會以僧侶為師，請教學問。

戰國 FILE

武田信玄年輕時的指導者

武田信玄作為甲斐之虎備受畏懼，其傅役為板垣信方。據說武田信玄之所以能放逐身為父親的武田信虎、繼承家主之位，正是因為有板垣信方的介入。順帶一提，板垣信方有一位作為民主政治先驅的後裔，名為板垣退助。

侍女會在大名家進行新娘修行

由忠誠家臣的女兒負責照顧主君之妻

照顧大名的正室、側室和公主的女性，稱為「侍女」。侍女的工作內容相當廣泛，包括料理、洗衣等所有家事。家臣的女兒大多將侍奉作為新娘修行的一環。侍奉正室的侍女，其工作還包括正室的儀容打扮，例如：準備和服、梳理頭髮等。

小西行長的母親小西ワクサ就是著名的侍女，負責侍奉豐臣秀吉的正室寧寧（北政所）。不僅照顧寧寧的日常起居，還作為寧寧的左右手，管理豐臣秀吉的側室。

乳母是另一項只有女性才能做的工作，負責代替大名的正室和側室撫養孩子。一如其名，餵奶也是她們的工作之一，所以會從忠心耿耿的家臣之妻中選擇正在養育孩子的人擔任。順帶一提，有許多代替父母養育下任家主的乳母，會在之後得到大權，所以這也是相當搶手的工作。

乳母的親生孩子稱為「乳母子」，大部分的歲數都與幼主相近，因此常作為玩伴，和幼主如兄弟般被撫養長大。織田家家臣池田恆興的母親養德院就是織田信長的乳母，因此兩人作為乳兄弟一起長大。基於這層關係，池田恆興作為織田信長的家臣，仍受到如同家人的待遇。

說個小知識，乳母在日語中有「うば」和「めのと」這兩種唸法。兩者的意思基本相同，但「めのと」相當於傅役的「傅」。也就是說，代替主君養育孩子，就如同傅役的職務一樣。換個角度來說，也有將傅役（男性）稱為乳母的情況。因此，在文獻中看到將男性稱為乳母時，就要讀成「めのと」。

侍女的職務

家臣的母親或女兒也會輔佐大名家

管理領國不僅需要男助手，也需要女助手。家臣的母親、妻子還有女兒，有些會以侍女的身分侍奉大名家。

侍女的工作①　料理
侍女要為在大名家或城內工作的家臣準備料理。除此之外，還包辦了打掃等所有家事。

侍女的工作②　洗衣服
洗衣服也是侍女的工作，類似西方的女僕。如果受到大名喜愛，也有機會成為側室。

侍女的工作③　梳理頭髮
為正室和側室梳理頭髮也是侍女的職責之一。還要幫忙換衣服，管理飾品與和服。

乳母
養育幼主者稱為乳母，會從家臣的妻子中挑選出適合者。在沒有奶粉的時代，乳母是幼主成長時期不可或缺的存在。

有些茶人比家臣更具發言權

以「御茶湯御政道」將茶道用於政治的織田信長

戰國時代後期，茶道在武士之間掀起一股熱潮，而引發這股熱潮的人就是織田信長。

15世紀，村田珠光創立的茶道在進入戰國時代後，由曾在堺擔任町眾的武野紹鷗發展至成熟。因為父親織田信秀是個有修養的人，織田信長從年輕時就對茶道非常熟悉，最後甚至想出了將茶道用在政治上的方法——「御茶湯御政道」。

織田信長首先收集了各種著名茶具，讓有名的茶具從市場上銷聲匿跡，價值上漲到相當於一座城堡的程度，再將這些價值連城的茶具當作獎賞送給家臣。家臣為此紛紛爭相立功，武士還將擁有著名茶具當作地位象徵。在執行「御茶湯御政道」的過程中，織田信長還發現了身兼堺的商人及茶人的千利休。

天下人從織田信長轉向豐臣秀吉後，千利休被任命為「茶頭」。茶道的熱潮沒有減退，反而愈燒愈旺，而且經由千利休完善的「侘茶」（恬靜的茶道）在武士間大為流行，有許多大名成為千利休的弟子。

千利休作為茶人，對大名具有極大的影響力，政治的發言權也愈來愈大。據說當時的地方大名要找豐臣秀吉調停時，有一個潛規則是「私下談話要找千利休」。這不外乎是因為，千利休在豐臣政權下具有政治地位。

順帶一提，曾侍奉織田信長、卻兩度背叛的戰國極大壞蛋松永久秀，也是屈指可數的茶人。看似跟風流雅致的茶道世界毫無關係，不過據說他是一個有修養的人，擁有許多茶具，並且熟知禮節和該有的舉止態度。

茶人

對領國的管理具有影響力的茶人

茶道作為武士的修養之一掀起熱潮，茶人中甚至出現具有政治影響力的人。

茶人

茶室的構造

茶人藉由成為武士的老師，建立了自己的地位。狹小的茶室成為戰國時代不可或缺的地方，像是大名會用來進行政治協商等。

茶道是必要的修養

茶道的地位大幅上升，甚至媲美武術和馬術，成為必要的修養。茶具的價格也隨之暴漲。

千利休不為人知的樣子 （證據）

千利休

（1522年～1591年）

以侍奉織田信長和豐臣秀吉而聞名的茶人。出身於堺的商人家庭，不僅是茶人，還是一位武器商人。千利休不僅會利用狹小的茶室傳播茶道文化，還會將其作為進行商業交易和接待用的場所。

有的家臣負責述說
英勇事蹟和鬼怪故事

符合的人 ▷	家老	一門眾	側近	役方	**其他**

符合的時代 ▷	戰國初期	戰國中期	戰國後期	安士桃山	江戶初期

將豐富的經驗和知識傳遞給主君知曉

戰國時代的大名有各種家臣在旁侍奉，其中有些人的工作是負責在主君身邊與之交談，被稱為「御伽眾」。

御伽眾不僅是談話的高手，也會與主君一起前往戰場，成為主君在前線時的慰藉。每當待在戰場上、必須醒著度過夜晚時，只要與御伽眾交談，就能夠驅散睡意。

御伽眾說的故事，是與戰爭和武術相關的經驗談，稱為「武邊噺」；還有在各國所見所聞的奇談怪事，稱為「諸國噺」。也就是說，並不是單純的閒聊，大名在聽了御伽眾說的內容後，常常獲益匪淺，能夠學習到關於武士的經驗。

由於御伽眾必須含蓄地說一些經驗談，除了要善於說話，還要擁有豐富的經驗，且具備特別的知識。

在戰國武將大內義隆、武田信玄等留下的文獻中，都有記載關於御伽眾的內容。實際上，被任命為御伽眾的人之中，有經驗豐富的老臣、戰績顯赫的人、知識豐富的僧侶、神官、醫生等等。

以大內氏、武田氏為首，愈來愈多武士設立御伽眾這一職位。其中，豐臣秀吉擁有眾多的御伽眾。豐臣秀吉前往肥前國（今佐賀縣唐津市）出兵朝鮮時，就帶了約800位御伽眾。

對於不善讀寫的豐臣秀吉來說，能夠讓他藉由耳朵聽到各種故事並進行學習的御伽眾，顯然相當重要。室町幕府第15任將軍足利義昭、織田信長的次男織田信雄等優秀人才，都被豐臣秀吉作為御伽眾招攬到身邊，由此足以窺見豐臣秀吉有多麼重視御伽眾此一職位了。

御伽眾的職務

首要工作是與戰國大名談話

御伽眾的存在不是為了打仗，也不是負責統帥軍隊，只是單純與大名談話。

御伽眾
御伽眾會講解書籍、談論自己的經驗，有時還要回應大名的閒談，通常都是任用知識、經驗豐富的高齡家臣來擔任這個職位。

怪談
御伽眾說的話題也包含怪談。當時相當盛行非人類幽靈的妖怪故事。

巧妙的口才
御伽眾需要具有能夠讓戰國大名專心傾聽的巧妙口才，本領高超者甚至可以奔走在多位戰國大名之間。

在金礦山工作的金山眾
也是攻城的專家

符合的人 ▷	家老	一門眾	側近	役方	其他

符合的 時代 ▷	戰國 初期	戰國 中期	戰國 後期	安土 桃山	江戶 初期

用於攻城的
金礦山坑道挖掘技術

佐渡金山是日本有名的金礦山。不過在 1601 年開採佐渡金山之前，日本也有其他金礦山，例如：岩手縣的玉山金山等。有一些人認為，1124年建造的中尊寺金色堂，就是使用玉山金山裡的金礦。

戰國時代，隨著金礦、銀礦的開採，採礦技術逐漸開始發展。當時不是用淘金的方式，而是在金礦脈所在的坑道中開採金礦。然而，挖掘坑道需要比淘金更多的勞動力和技術，負責這類任務的人就被稱為「金山眾」或「金掘」。

金山眾是指開採金礦，並負責管理金礦山的採礦人；而金掘則是擁有開採技術的人。金山眾會帶著金掘前往採礦。

著名的金山眾有武田氏底下的黑川金山眾、中山金山十人眾等。

金山眾原本是為了採礦而從各地號召來的採礦人，不過他們的採礦技術也能用在戰場上，所以有時也會應大名的邀請而上戰場。如：利用挖坑或抽取地下水技術，使敵人的城樓、石牆倒塌，或是讓城裡的水枯竭等等。

武田信玄在攻打城主北條綱成的深澤城時，就動員了黑川金山的金山眾，利用採礦技術攻城。最後，在金山眾的破壞工作下，北條綱成還未等到援軍便開城了。

除了武田信玄外，豐臣秀吉也在 1583 年攻打伊勢龜山城時，命好幾百名金掘合力讓石牆和城門倒塌，僅用半個月就攻下城池。

在交戰時使用採礦技術，也促使了土木技術的發展。據說阻止河川氾濫的信玄堤正是從採礦技術中誕生的。

金山眾

也會參與戰爭的挖坑高手

戰國時代，開採金礦相當興盛。名為金山眾的礦工也會參與戰爭，利用擅長的開採技術來攻城。

支持大名家族的重臣

教育負責人、輔佐人、傭兵

家臣的工作

家臣的地位象徵

土龍攻

金山眾會利用名為土龍攻的手段挖掘隧道，也會在城堡底下設置炸彈、破壞城池。

金山眾

利用金山眾攻城，是戰國大名武田信玄的拿手好戲。

金山眾都是破壞專家

金山眾會破壞石牆和大門，或是破壞城內的井水、切斷水脈等。不過過程費時，有時會中途遭到反擊。

劍豪能夠破格成為官員

符合的人 ▷	家老	一門眾	側近	役方	**其他**

符合的 時代 ▷	戰國 初期	戰國 中期	戰國 後期	安土 桃山	江戶 初期

在嚴格鍛鍊下劍技達到頂尖者

戰國時代戰爭不斷，成為了劍豪名留後世的舞台。其中，最能代表戰國時代的劍豪是塚原卜傳和上泉信綱。據說，以「鹿倒新當流」創始人聞名的塚原卜傳在巡遊各國修行的期間，曾指導當時的將軍足利義輝、細川藤孝、北畠具教等人。其後，塚原卜傳至甲斐向武田信玄展露劍術，受到相當於大名的待遇，還收武田家家臣山本勘助和原虎胤等為弟子。

「新陰流」創始者上泉信綱是山內上杉家的家臣、箕輪城主長野業正的屬下。長野業正死後，武田信玄稱其在箕輪城遭到攻陷時相當勇猛，並再三表示想要收他入麾下，但上泉信綱堅決拒絕。為了將新陰流推廣到全國，上泉信綱與弟子們一起到各國流浪修行。當時的弟子中還有「Tai捨流」的創始人——在九州擁有眾多門徒的丸目長惠。據說上泉信綱在旅途中曾與柳生宗嚴（石舟齋）、寶藏院胤榮等著名劍豪比試，並一一擊敗他們，最後這些人都成為其弟子。

柳生宗嚴後來成為柳生新陰流的創始人，曾在德川家康面前展示劍技。他堅決推辭了德川家康的入仕邀請，推薦自己的兒子柳生宗矩。柳生宗矩侍奉德川家並擔任第二任將軍德川秀忠的劍術老師，最後成為得到3000石知行（土地）的「大身旗本」。

不過，除了擔任將軍劍術老師的柳生宗矩外，江戶時期的劍豪普遍俸祿很低。即使是據說擁有最高俸祿的宮本武藏也不過700石，前面提到的丸目長惠甚至只有117石。因為在大眾眼裡，劍豪窮究的武藝「足輕（低等步兵）伎倆」，沒有太大的政治價值。

兵法家

靠教授武術維生的劍豪

戰國時代，被稱為是兵法家的劍豪遍布全國，在各個地方教授劍術。

展示劍術

兵法家只靠自己的劍術技能維生。當想要成為軍官時，會在戰國大名面前展示劍術。

走遍全國

兵法家為了磨練劍術，會不顧戰亂、走遍全國。成為有名的兵法家後，就會帶著許多弟子一起巡遊。

劍術指導

成為軍官的兵法家，會以劍術老師的身分訓練武士。戰國時代尚未發明竹刀，練習時是使用木刀。

戰國 FILE

戰無不勝！宮本武藏傳說

宮本武藏作為劍豪，至今人們仍然對其津津樂道。傳說宮本武藏決鬥好幾十次都沒有失手過，雖說關於他的故事有許多都是江戶時代以後的創作內容，不過還是有許多相關資料流傳下來，例如：以客將的身分參加大坂夏之陣等等。根據史料無法確定他是不是真的不敗，但毫無疑問他一定是位劍豪。

73

影武者不是炮灰，而是負責在戰場上製造混亂

影武者的工作不是代替主君去死

戰國時代，許多大名都會使用影武者。影武者又稱為「影法師」、「影名代」，能夠假裝成大名欺騙敵人。

武田信玄的弟弟武田信廉就曾擔任影武者，因為他長相酷似武田信玄。順帶一提，武田信廉是很有學識素養的人，據說武田信玄留下的和歌，其實真正的作者是武田信廉。

一般印象中，影武者是為了保護主君的「犧牲者」，常常戰死或用以防止暗殺。然而實際上，他們常被賦予在交戰中取得優勢的任務。

大坂夏之陣中，站在豐臣方戰鬥的真田信繁（幸村）準備了幾位影武者，讓他們拿著六文錢的旗指物（小型旗幟），一邊大喊「我才是真田信繁！」一邊在戰場上奔跑。據說，當以勇武著稱的真田在戰場上出現時，敵方士兵整個陷入混亂。

加藤嘉明在賤岳之戰立下戰功、獲得淡路島後，為了加強水軍，他任命擅長海戰的部下作為影武者。在陸地上由自己指揮，海上則是由影武者負責，因此在海陸都獲得名聲。

奧州的霸主伊達政宗的影武者，與其他人有點不同。據說率領騎兵馳騁戰場的影武者是其正室愛姬。愛姬出生於以生產馬匹聞名的奧州三春，騎馬對她來說只是小菜一碟。此外，有傳聞說，織田信長的家臣、文官形象強烈的丹羽長秀，也將安土城的計畫交給影武者。有人認為該影武者是豐臣政權時期與石田三成等人一起擔任五奉行的長束正家。

綜上所述，影武者不是只靠與主君相似的外表來迷惑敵人，而是真正兼具足以匹敵主君勇武和智謀者。

影武者

偽裝成主君玩弄敵人的影武者

家臣看過主君的模樣，但敵人不知道主君長什麼樣子。武將會利用影武者，在戰爭中占據優勢。

安排多位影武者

多位武將在戰場上拿著及穿著相同家紋的旗指物和盔甲，騎著馬跑來跑去，使敵人難以分辨哪一個是真的武將。

在海上和陸地安排影武者

在海上和陸地上都安排影武者，讓敵人陷入混亂，不知道該將主要戰力放在哪一邊。

原本的木阿彌（元の木阿弥）

木阿彌（1523年～1550年）

戰國大名筒井順昭臨死前，為了欺瞞敵人，命長相與自己相似的盲人僧侶木阿彌擔任他的影武者。木阿彌在替身期間過著奢侈的生活，當家族不再需要替身欺騙敵人後，他的任務即結束，回到原本的僧侶日子。這就是日本俗語「元の木阿弥」的由來，意指打回原形。

在各國自由活動的巫女
會販賣情報和肉體

符合的人 ▷ | 家老 | 一門眾 | 側近 | 役方 | **其他**

符合的時代 ▷ | **戰國初期** | 戰國中期 | 戰國後期 | 安土桃山 | 江戶初期

活躍於戰國時代的忍者、僧侶、商人、藝人

在沒有電話、簡訊等通訊手段，也沒有電視、廣播等大眾媒體的時代，要收集和傳達情報，唯一的途徑就是靠人類的雙腳走到當地。

「忍者」就是為戰國大名收集和傳遞情報的人。其中，被稱為是「草」的人，會偷偷潛入敵人的地盤。他們的任務不只是收集情報，還有散布謠言來擾亂敵方領地。視情況而定，還要手持武器展開游擊戰。

除了忍者之外，足輕、山伏等也會作為「草」，負責情報活動。也就是說，草是忍者的稱呼之一，不過忍者以外的人也可以從事草的工作。但是，也有人認為，在需要各種技術的危險任務中，還是要活用身為該領域專家的忍者。

雖說如此，對戰國大名來說，旅居在各地的人都是珍貴的情報來源，包括於山岳修行的山伏、為了修行和傳教到各地巡遊的僧侶、到各國唱歌的連歌師、琵琶法師，以及行商人等等。其中，以高野山為根據地遊歷各國的僧侶稱為「高野聖」，他們也會為大名收集情報。

這些旅人可以在不受任何人懷疑的情況下到處旅行，因此在收集、傳遞情報方面發揮了重要的作用。

順帶一提，戰國武將武田信玄就曾透過「雲遊巫女」──也就是藉由巫女身分收集情報而聞名者──獲取情報。她們也可以走遍全國各地，因此是獲取情報的理想人選。

另外，以新家臣的身分招攬進來的人也是珍貴的情報來源。他們擁有地理和局勢等情報，對今後的戰略能發揮很大的幫助。

情報部隊

負責情報活動的各種職業

能在各地來去自如的山伏、行商人等，會以情報部隊的身分將各國武將的情報洩漏出去。

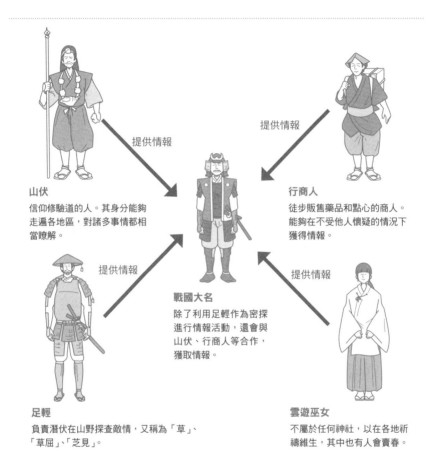

山伏
信仰修驗道的人。其身分能夠走遍各地區，對諸多事情都相當瞭解。

提供情報

行商人
徒步販售藥品和點心的商人。能夠在不受他人懷疑的情況下獲得情報。

提供情報

足輕
負責潛伏在山野探查敵情，又稱為「草」、「草屈」、「芝見」。

提供情報

戰國大名
除了利用足輕作為密探進行情報活動，還會與山伏、行商人等合作，獲取情報。

提供情報

雲遊巫女
不屬於任何神社，以在各地祈禱維生，其中也有人會賣春。

戰國 FILE

織田信長對高野聖的大屠殺

向各國武將提供情報，又稱為高野聖的僧侶擁有自己的武裝力量，是紀伊的一大勢力。背叛織田信長的荒木村重等5名餘黨逃到高野山，導致高野聖和織田信長的關係惡化，促使織田信長屠殺了數百名高野聖。

海盜會以水軍的身分幫忙作戰

符合的人 ▷	家老	一門眾	側近	役方	其他

符合的時代 ▷	戰國初期	戰國中期	戰國後期	安土桃山	江戶初期

水軍由家臣團組成，或是借助海盜的力量

對於領地面向大海的大名來說，掌握制海權在攻守上相當重要。因此，許多大名都會組織水軍。

擁有海軍的方式有兩種，一種是從家臣中挑選人選組成，另一種是將海盜納入軍隊中。前者最著名的是由武田軍構成、入侵駿河的武田水軍。因為是由家臣組織而成，忠誠度相對高上許多，缺點是要花費大量的金錢。後者較為有名的是從屬於毛利家的村上水軍。這支水軍原本是以瀨戶內海一帶為地盤的海盜，之後在嚴島之戰協助毛利軍，將陶家推向滅亡。

海盜在各地沿海建立自身勢力，以向通過地盤的船隻徵收過路費來維生。如果船上的人拒絕繳交過路費，就會毫不留情地發動襲擊。海盜自主

性高，可以說是與傭兵差不多，所以並不忠誠。不過，由於熟悉潮流變化、擅長掌舵技術，許多大名還是會將他們編入軍隊利用。

那海軍之間的戰爭是什麼模樣呢？戰國初期，會使用速度較快的小型船，以游擊戰為主，用火箭進行攻擊。當接近敵船時，就會爬上敵船展開肉搏戰。比起獲取對方首級，更優先考慮將敵人推下船。

進入戰國中期，隨著造船技術發展，建造出中型「關船」，以及為炮擊設計、全長50公尺的「安宅船」。戰術也從肉搏戰轉變為以炮擊為主。

大名利用水軍的力量，水軍則得到默許徵收過路費。這種雙贏關係直到豐臣秀吉掌握天下人後劃下句號。豐臣秀吉以徵收過路費會妨礙經濟發展為由，頒布了海盜禁止令。自此，水軍逐漸失去存續的基礎。

水軍

海上戰爭由水軍一枝獨秀

並不是所有戰爭都在陸地開戰。在海上交戰時，名為水軍的部隊會大顯身手。

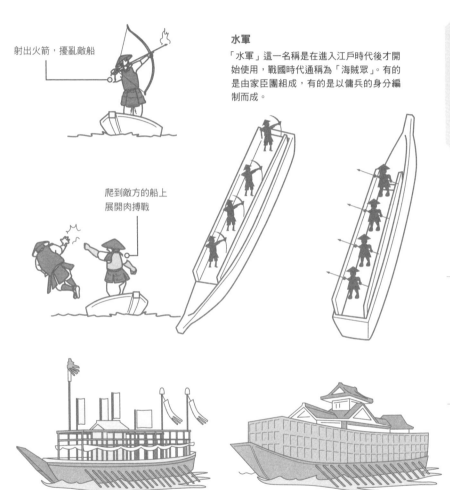

射出火箭，擾亂敵船

爬到敵方的船上展開肉搏戰

水軍
「水軍」這一名稱是在進入江戶時代後才開始使用，戰國時代通稱為「海賊眾」。有的是由家臣團組成，有的是以傭兵的身分編制而成。

關船
用來護衛名為安宅船的中型船，全長約20至25公尺。

安宅船
全長最長達50公尺的大型船。防禦力和耐用性非常優秀，會拿來當作海上要塞。

雇用忍者
私下進行暗殺或破壞行動

符合的人 ▷	家老	一門眾	側近	役方	**其他**

符合的 時代 ▷	**戰國 初期**	**戰國 中期**	**戰國 後期**	**安土 桃山**	**江戶 初期**

接受大名的委託，在幕後暗中活動

戰國武將激烈酣戰的背後，忍者其實也在暗中活動。時代劇、漫畫和動畫等虛構世界中，有時會出現忍者展開激烈戰鬥的畫面，但忍者的主要任務是收集並操縱情報，以及在戰場上擾亂敵人等。

除了現今最廣為人知的伊賀、甲賀，還有其他忍者組織。例如：侍奉武田信玄的透波、伊達政宗創立的黑脛巾組、上杉謙信使用的軒轅，以及北條氏的風魔等，都是代表性流派。

忍者按照大名的命令行動，但又像傭兵一樣獨立存在。一般認為，他們原本是地方豪族、領地居民、居無定所的漂泊者或盜賊。

忍者組織大致由上忍、中忍、下忍三個等級構成。上忍是組織的領導者，接受大名的委託後，向中忍下達命令；中忍是實際潛入工作的組長，帶著身為下屬的下忍行動；下忍位於組織最底端，主要工作是潛入敵方領地，進行情報活動、破壞工作、暗殺等。下忍應該最接近我們印象中的忍者；另一方面，組織的首領上忍反而比較像是武士，其中也有人成為大名的家臣。例如：有人認為織田信長的家臣、槍法高超的瀧川一益，原本是甲賀的忍者。

在虛構世界中，忍者通常都是一身黑的樣子，但其實他們在進行情報活動時，都要偽裝不會令人起疑的職業，例如：行商人、賣藝人等等。除了變裝之外，他們還必須掌握有助於進行情報活動的記憶力、熟記用來傳遞情報的暗號，學會隱藏在敵人視線之外的隱身術，以及從敵人身邊逃脫的遁走術等。

忍者

暗中支援戰國大名的傭兵部隊

忍者擅長收集情報等，進行各種諜報活動。有些忍者會侍奉特定的大名，有些則是不屬於任何陣營。

大名
上忍

聽從大名命令的上忍

忍者的級別如同金字塔。高位階的上忍接到大名的指令後，會傳達給級別較低的中忍和下忍。

下忍
中忍

命令再從中忍傳達給下忍

中忍擔任實際行動時的隊長，帶領下忍行動。夥伴之間會用彼此才能理解的暗號傳遞情報。

潛入

忍者會透過訓練，習得能夠消除腳步聲的走路方法，並藉此潛入任何地方，不被敵人發現。

遁走術

萬一被敵人發現，忍者會使用遁走術逃脫。遁走術多達30種，會利用水、火等各種媒介。

拐杖

暗殺

忍者還要負責暗殺。執行暗殺的時候，會使用偽裝成拐杖等日用品的武器。

Column

忍者白天運用變裝術的模樣

提到忍者，腦海中往往會浮現一身黑的忍者裝，但如果白天以這種姿態走動，反而會更顯眼。因此，忍者在白天會偽裝成名為「放下師」的模樣，也就是現今的魔術師，以及商人或僧侶等。為了不引起懷疑，忍者還會掌握符合自身職業的知識和姿態。

僧兵擁有的槍械數量
不亞於強國

符合的人 ▷ 家老　一門眾　側近　役方　**其他**　　符合的時代 ▷ **戰國初期**　戰國中期　戰國後期　安土桃山　江戶初期

以強大的槍械實力
獨立存在的戰鬥集團

雜賀眾和根來眾是擅長使用槍械的武裝集團。他們都是以紀伊國為據點，但並沒有成為侍奉特定大名的家臣。當戰爭爆發時，會受雇於大名，以傭兵部隊的身分參戰，在戰場上揮舞槍械。

這些武裝集團之所以能夠獨立，其中一個原因是當時紀伊國的守護大名畠山氏力量薄弱。此外，根來寺等寺院坐擁力量，並誕生了強大的僧兵團——根來眾。

相對於僧兵根來眾，雜賀眾是以地侍為核心建立的勢力。和歌山平野的雜賀、十鄉、中鄉、社家鄉、南鄉等村落聯合成的團體，稱為雜賀五組，由該地區的地侍等組成雜賀眾。

另外，和信奉真言宗的根來寺不同，雜賀眾有許多淨土真宗的信徒。雖然宗派不同，根來眾和雜賀眾的交流卻相當頻繁。根來寺的津田算長前往種子島後獲得種子島槍，並以此為基礎讓根來的鐵匠製作出槍械。一般認為這是本州第一把槍。雜賀眾與製作槍械經驗豐富的根來眾交流後，也獲得大量的槍械。

雜賀眾會受畠山氏等大名的委託上戰場。有一種戰術叫作「組擊」，就是以4人為一組使用同一把槍，組員分別進行填裝火藥子彈、管理火繩以及射擊的工作。每次發射子彈，通常都要間隔20至30秒，但熟練的話可以縮短至5秒。

就連織田信長也因為雜賀眾這種先進技術吃進苦頭。1576年，在織田信長攻打大坂淨土真宗本願寺時，雜賀眾就運用了槍法，發揮出足以使織田信長腿部受傷的力量。

根來眾與雜賀眾

靈活使用槍械的集團

根來眾與雜賀眾擁有大量槍械，會以傭兵集團的身分支援或攻擊各國大名。

根來眾

被帶到日本的2把槍械中，其中1把落入根來眾的手中，並成功量產，促使根來眾轉變成槍械傭兵集團。

雜賀眾

與根來眾有來往的雜賀眾，也是精通槍械技術的傭兵集團。平時擁有的槍械數量介於5000至8000把。

根來寺

根來寺是根來眾的據點，為真言宗宗派之一的新義真言宗的總本山。最後因為豐臣秀吉的緣故而被燒燬。

火繩槍

槍械於1543年從葡萄牙傳入種子島。根來和雜賀作為主要產地愈來愈繁榮，許多鐵匠陸續定居於此。

雜賀頭盔

雜賀眾是由土豪、地侍等組成的武裝集團，會穿戴頭盔、盔甲等裝備。此外，他們也會從事水運工作，擁有武裝船隻。

菁英家臣會被授予奉行地位

負責建築土木工程、行政司法工作的奉行

時代劇中經常出現的「奉行大人」到底是怎樣的職位呢？「奉行」是指奉（聽從）命行事，也就是按照上面的命令做事。官銜為奉行者，又稱為「奉行人」。

鎌倉幕府時期就已經設立奉行一職；到了戰國時代，大名又設立各種奉行作為自己的下屬。

主要的奉行有普請奉行、作事奉行、町奉行等。

日文的普請就是指建築工程和土木工程。由此可知，普請奉行的工作就是負責修築大名的宅第、城牆以及堤防等。在室町幕府時期，普請奉行也要負責打掃庭院，因此又稱為「庭奉行」。到了江戶時代，除了土木工程的基礎工程之外，還要管理武家住宅和飲用水等。

作事奉行與普請奉行相同，都是負責工程業務。差異在於，普請奉行做的是建造石牆等基礎建設；與建築物有關的工程則是交由作事奉行處理，例如：建造城堡、規劃城市等等。

不過，到了江戶時代的1862年，普請奉行遭到廢除，其工作由作事奉行代為執行。

町奉行也是在時代劇中經常會聽到的官銜，其負責城市的行政、司法、警察等業務。因此，時代劇中才會出現於奉行所調查罪犯的劇情。

豐臣秀吉時代，設立了負責重要政務的五奉行，由淺野長政、石田三成、前田玄以、增田長盛、長束正家擔任。

到了江戶幕府時代，包括寺社奉行、江戶町奉行、勘定奉行等三奉行在內，奉行作為組織，逐漸制度化。

奉行眾

領國內政不可或缺的職位

內政是管理領國的一部分，包括建築城堡、維持城鎮治安。戰國大名會任命奉行來處理這些工作。

普請奉行

普請奉行承包建築工程和土木工程的工作。因為事關國防，所以會從深得戰國大名信賴的譜代家臣中選出擔任者。

作事奉行

作事奉行負責建設城堡和城鎮。城堡的石牆部分交由普請奉行，望樓和天守（瞭望樓）等上層建築則交由作事奉行來處理。

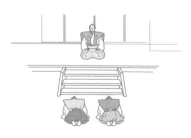

町奉行

町奉行負責管理城下町。從江戶時代開始正式制度化，但部分國家仍存有這個職稱。

Column

奉行的數量毫無疑問是最多的!?

戰國時代有許多國家，奉行的數量各不相同。其中，關東的北條氏設立的奉行數量相當多。不只是旗奉行、槍奉行等統一管理戰爭用具的奉行，還有檢地奉行、管理米糧的御藏奉行等與民政有關的奉行。

築城的地方要精挑細選！
東邊是河川、南邊是窪地

符合的人 ▷	家老	一門眾	側近	役方	其他

符合的時代 ▷	戰國初期	戰國中期	戰國後期	安土桃山	江戶初期

根據建造目的挑選位置，城池設計決定防禦力

城堡作為戰國大名的根據地，相當重要，一般由大名本人或作為家臣的武將掌握指揮權。那麼，如此巨大的建築物，是怎麼建造的呢？

建造城堡的首要之務是挑選場所，地點取決於建造目的。如果是當作防衛據點，要選在敵人難以攻破的山頂；若是政治和經濟基地，就要選在平地。這種選址行為稱為「地選」；具體要在那塊土地中的哪裡蓋規模多大的城堡，則稱為「地取」。

此外，在選擇城堡的地點時，也會套用四神的概念。一般認為，東邊（青龍）有河川、西邊（白虎）有大馬路、南邊（朱雀）有窪地、北邊（玄武）有丘陵，是最適合的場所。

確定建築的地點後，要決定城牆、建築物等的位置。這是非常重要的工作，因為城堡的防禦力就取決於此。規劃方式是在作業現場拉繩子，因此稱為「繩張」。接著，便是開始動工。挖掘護城河、堆砌石牆等基礎工程稱為「普請」。生活必備的水井也是在這個階段建造。

城堡不可或缺的石牆是以集結高手的方式來建造。近將國有一個名叫「穴太眾」的石匠集團，非常擅長堆砌石牆。高超的手藝為他們贏得聲譽，使他們活躍在各地。據說織田信長的安土城、家藤清正的熊本城的石牆都出自於穴太眾之手。

作為城堡基礎工程的普請結束後，再來要開始「作事」，包括建造象徵城堡的天守、身分高貴者居住的御殿，還有望樓等。大工頭、左官等專業人員會參與這項作業，並由名為「橫目」的目付負責監督。

城堡與家臣

給予有力家臣城堡，以統治領國！

擁有廣闊領地的大名，會給予家臣城堡作為獎賞，並讓他們幫忙抵禦敵國。

從城堡看出主從關係

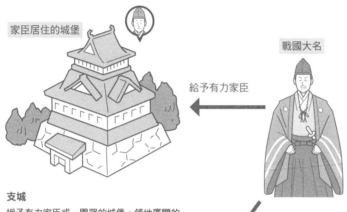

家臣居住的城堡

戰國大名

給予有力家臣

支城

授予有力家臣或一門眾的城堡。領地廣闊的大名家等，會利用支城使統治範圍遍布各個角落。

居住

戰國大名居住的城堡

本城

身為主君的大名居住的城堡。戰爭時期會成為攻城戰的要塞，平時是政治、經濟等中心據點。

戰國 FILE

**北條家的
支城統治法**

在關東建立一大勢力的北條家，其管理領國的方式是以本城小田原城為中心，命一門眾成為八王子城、江戶城等偏遠地區支城的城主。

築城法

大量建造的城堡及其建造的方法

一般認為戰國時代是日本建造最多城堡的時代。目前有各種不同說法，但據說城堡的數量高達3萬至4萬座。

築城的流程

①地選

選擇築城地點的工作。一般來說，東邊有河川、西邊有大馬路、南邊有窪地、北邊有丘陵，是最適合的場所。

②地取

決定城堡範圍和規模的工作。在這個階段，築城的地方會縮小到一個。

③繩張

安排護城河和城牆等城堡構造的工作。實際上是使用繩子來標示，因此得名，又稱為「經始」。

④普請

是指繩張決定後所進行的基礎工程，例如：堆砌石牆或挖溝渠等土木作業。

⑤作事

普請結束後，建造天守和望樓的作業。是築城的最後階段。

⑥完成

依照繩張完成普請和作事工作後，以城主為首，家臣團搬進城堡，一座城便完成了。

城堡和功能

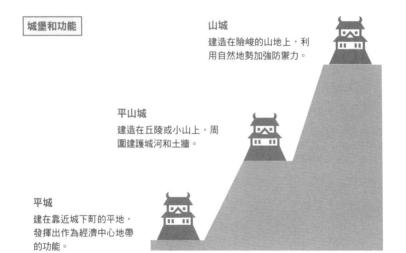

山城

建造在險峻的山地上，利用自然地勢加強防禦力。

平山城

建造在丘陵或小山上，周圍建護城河和土牆。

平城

建在靠近城下町的平地，發揮出作為經濟中心地帶的功能。

Column

豐臣秀吉的「墨俣一夜城」

「墨俣一夜城」是一個關於豐臣秀吉出人頭地的著名軼事。傳說織田家在攻占美濃時，豐臣秀吉事先準備好木材、放入河川，使其流到戰略地位重要的據點墨俣地區，並在一夜之間建造出一座城。不過有些人認為這是江戶時代的創作。

考慮敵軍入侵，前往城堡的道路要準備陷阱

費盡心思防止敵軍進攻的戰國之道

現今在做都市規劃時，很重視「要在哪裡通過哪條道路」。戰國時代的人們同樣有注意到道路的重要性。

修建一條方便群眾往來的道路，會使交通更為便利，有助於貿易興盛、促進整體經濟繁榮。

然而另一方面，如果將道路修建成大軍能夠輕易通過的樣子，就很難抵禦敵人的進攻。也就是說，無論是從經濟還是軍事方面來考量，道路都占據著相當重要的位置。

為了增加道路的防禦性，在城下町的街道上會設立「歧路」、「丁字路」、「彎角」等。「歧路」是指道路交錯；「丁字路」是道路如「丁」字般交叉；「彎角」則是彎曲呈直角的道路。藉由建造這些道路，可防止敵人直線前進，提高城下町的防禦力。

領主等人為了在發生緊急事態時逃出城外，會在城堡後面修建名為「搦手門」的門，門外沒有與主要幹道連接，這也是為防禦而下的工夫。

除了防禦措施外，還會拓寬道路以提高交通安全，並在領地內的重要地帶安排名為「傳馬」、用來輸送物資的馬匹和驛站（宿驛）。

由於出入的人口眾多，會設立監控國界的關卡、支城和堡壘，並規定要繳交通行的關稅，檢查來來往往的人，以防可疑人士進入。

以上主要介紹的是用於防禦的措施；相反地，有些大名為了攻擊，也會費盡心思在道路上。武田信玄建造的「棒道」，據傳就是為了進攻信州所建的軍事道路。顧名思義，棒道就像棍棒一樣筆直，讓援軍能夠馬上抵達遠方的據點。

基礎建設

左右領國興亡的道路修建事業

提高領國生活品質的同時，還要使敵國難以入侵。戰國大名為了修建道路而傷透腦筋。

支持大名家族的重臣

教育負責人、輔佐人、傭兵

家臣的工作

家臣的地位象徵

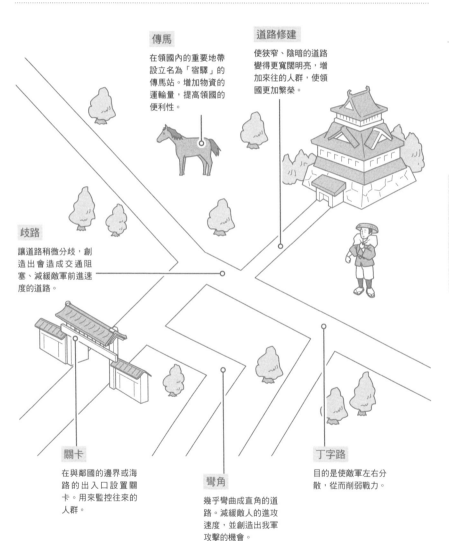

傳馬

在領國內的重要地帶設立名為「宿驛」的傳馬站。增加物資的運輸量，提高領國的便利性。

道路修建

使狹窄、陰暗的道路變得更寬闊明亮，增加來往的人群，使領國更加繁榮。

歧路

讓道路稍微分歧，創造出會造成交通阻塞、減緩敵軍前進速度的道路。

關卡

在與鄰國的邊界或海路的出入口設置關卡。用來監控往來的人群。

彎角

幾乎彎曲成直角的道路。減緩敵人的進攻速度，並創造出我軍攻擊的機會。

丁字路

目的是使敵軍左右分散，從而削弱戰力。

有些武家的妻子
會持槍站在最前線

符合的人 ▷	家老	一門眾	側近	役方	其他

符合的時代 ▷	戰國初期	戰國中期	戰國後期	安土桃山	江戶初期

身分地位高的家臣擁有側室

上級家臣之所以會結婚,大多是為了策略婚姻。女性要與父母指定的對象結婚,以連繫兩個家族的關係。在出嫁時,新娘會從娘家帶著嫁妝「敷錢」(金錢)和「妝田」(土地)等。這些都是屬於妻子個人的財產。

除了原配「正室」外,還有稱為「側室」的其他妻子。因為家族的存續相當重要,許多人都採取一夫多妻制,通常都會納側室。

如果戰爭時遭到他國攻擊,在城堡技術尚不發達的戰國初期,正室等女性會躲到遠離城堡的堡壘等地避難。隨著城堡技術愈來愈純熟,女性會與武將一起守在城堡中。

在城堡裡守城時,女性會被賦予各種工作。像是為了「檢驗首級」(確

認在戰場上殺死的敵人首級是否為真),替首級上妝也是女性的工作。其他還有準備飲食、修繕城堡、製造槍彈等。也有女性會上戰場戰鬥,如:東北伊達氏有攻擊敵將的女性槍隊。

不僅如此,歷史上也有女性城主。通常丈夫去世時,妻子會成為其他家族的側室或出家入佛門,但若是沒有繼承家主之位的男性,也有女性會成為城主。織田信長的叔母是遠山景任的妻子,不過遠山景任病死前並沒有留下子嗣。於是,她收養了織田信長的五男織田勝長,在孩子長大成人前,由自己先擔任岩村城的女城主。

今川氏親的妻子壽桂尼也是一手掌管整個國家的女性。今川氏親病死時,兒子今川氏輝還年幼,於是壽桂尼開始操持今川家政務。公文上的「朱印狀」也蓋上自己的印文「歸」。因此,壽桂尼也被稱為女戰國大名。

戰時的女性

不亞於男性、參與戰鬥的女性

戰國時代的女性並不是只會逃跑，她們不僅會在戰場幫忙工作，有些女性也會與男人一起戰鬥。

女城主

女性繼承家主之位、成為被授予城堡的武將的情況並不少見。也有人在遭到敵國攻擊時戰死沙場。

出家入佛門

戰國武將死後，妻子大多會出家入佛門。其中也有人在入佛門後，還俗繼承家主之位。

首級化妝

為了確定戰爭的恩賞，要進行檢驗敵人首級的確認工作。幫首級清洗、化妝的工作，是由女性來完成。

女性槍隊

由女性組成的槍隊。相對於難以靈活運用的長槍和刀具，槍械在操作上對女性來說比較容易上手。

格式錯誤的書信不被接受

符合的人 ▷	家老	一門眾	側近	役方	其他

符合的 時代 ▷	戰國 初期	戰國 中期	戰國 後期	安土 桃山	江戶 初期

外交用的書信
有詳細的書寫規則

即便是在戰國時代，也不會把消耗國力的戰爭當作首選，一開始會先以外交的方式與其他大名進行協商。

負責外交的「取次」會代替主君進行外交，不過並不是由取次獨自一個人與所有的對象協商，會根據對象選擇合適的負責人，例如：由Ｂ作為取次去跟Ａ氏交涉、由Ｄ以取次的身分與Ｃ氏交涉等等。此外，要與在地方進行自治的「國眾」談判時，也會派取次前往。

武田氏、北條氏的取次大多是由一門、宿老和大名的側近組成。側近能夠正確掌握主君的想法，在交涉中擔任核心角色。而一門、宿老地位穩定，作為大名家的重要人物，有助於在協商中展現出威信。

在進行外交協商時，相當重視規矩，也就是外交禮儀。舉例來說，大名派遣使者送出外交書信時，如果只有大名的書信，對方並不會認為是正式的外交書信。要附上取次書寫的「副狀」（添狀），才會被視為是正式書信。一般認為，大名的書信加上取次書信，才能夠保證是以大名家的名義發出的正式內容。

除此之外，書信的書寫方式也有必須遵守的書寫禮儀，稱為「書札禮」。書信的收件人、對方的稱呼方式等有各種規則，如果書寫錯誤，對方就會拒收。不僅如此，也有規定文體、紙張種類、紙張怎麼摺等。現存的書信是瞭解當時上下關係和政治局勢的絕佳史料。

與對方之間的中間人也很重要，外交渠道稱為「手筋」，或是以中間人的名字取名為「○○手筋」。

取次

取次是代表主君前往協商的外交官

一旦爆發戰爭，就會遭受巨大的損失，所以戰國大名會安排協商人員，透過談判來解決問題。

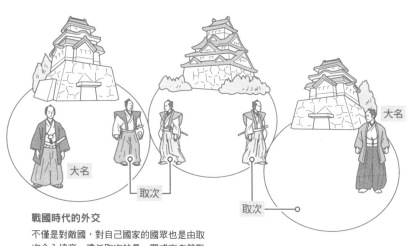

戰國時代的外交

不僅是對敵國，對自己國家的國眾也是由取次介入協商。擔任取次的是一門或家老等戰國大名的側近。

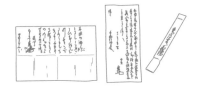

書信

書信要成套。除了戰國大名書寫的書信，還要附上取次書寫的副狀。一般來說，同時有這兩者才會被視為正式書信。

Column

公家也有與武家一樣作為中間人的負責人

公家要與武家聯繫時，會由擔任名為「武家傳奏」官職的人前往。武家傳奏這個職位從誕生武家政權的鎌倉時代開始，延續到江戶時代。到了江戶時代，幕府向公家傳達指示的角色，由位於京都名為「京都所司代」的行政機關負責。

木匠或商人等
不是武士者也會擔任參謀

將不同領域的參謀納入智囊團中

侍奉戰國大名的人來自於各行各業。有一種職位叫作「參謀」，他們的工作是在各種情勢下，為大名提供適當的政策和戰略。

與其由1位參謀負責多種領域，不如由擅長該領域的專家來負責擔任參謀，舉凡經濟政策就請教商人、宗教政策則是參考僧侶的意見等等。

舉例來說，德川家康已經擁有本多正信這一優秀的參謀，但除此之外，他還有其他各種領域的有識之士。關於宗教政策和內政方面，有僧侶天海、崇傳，以及儒學家林羅山；經濟政策方面，有身為商人的茶屋四郎次郎、角倉了以、今井宗薰；土木政策方面，有大工頭中井正清；外交政策方面，有英國航海家威廉・亞

當斯、荷蘭航海家耶揚子等。由此可知，當時有各種領域的專家作為德川家康的智囊團。

聽取參謀的提案之後，最後仍由德川家康做出最終決策。事實上，讓德川家康認為應該要聽取參謀意見的原因是豐臣秀吉。

豐臣秀吉底下有2位著名的軍師，分別是竹中半兵衛與黑田官兵衛。在他們的建議下，豐臣秀吉的勢力逐漸壯大。然而，豐臣秀吉統一天下之後，身邊就只剩下對主君言聽計從的側近，再也沒有時不時會提出諫言的參謀。

豐臣秀吉晚年之所以會有出兵朝鮮等惡政的情況，可以說是因為身邊沒有好的參謀。

德川家康有鑑於此，才會利用各種領域的智囊作為參謀，以防重蹈豐臣秀吉的覆轍。

輔佐戰國大名的專業人士

戰國大名的招攬對象不僅有武士，還會收羅各種職業的人作為參謀。

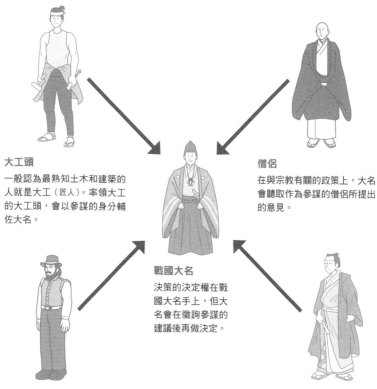

大工頭

一般認為最熟知土木和建築的人就是大工（匠人）。率領大工的大工頭，會以參謀的身分輔佐大名。

僧侶

在與宗教有關的政策上，大名會聽取作為參謀的僧侶所提出的意見。

戰國大名

決策的決定權在戰國大名手上，但大名會在徵詢參謀的建議後再做決定。

外國人

外國人不僅會針對外交政策給予建議，還會作為翻譯同行。

商人

武士大多不瞭解領國的經濟政策，因此會向商人，也就是商業方面的專家徵詢意見。

讓豐臣秀吉感到懼怕的戰略家·黑田官兵衛

黑田官兵衛（1546年～1604年）

黑田官兵衛為織田信長的家臣，作為豐臣秀吉的參謀征服了許多城堡。他頭腦靈活，能夠策劃出不拘泥於常識的戰略。據說，豐臣秀吉認為黑田官兵衛會威脅到自己的地位，所以相當忌憚他。

家臣的法則 其二十三

只要看家紋
就知道對方拿多少俸祿

符合的人 ▷	家老	一門眾	側近	役方	其他

符合的 時代 ▷	戰國 初期	戰國 中期	戰國 後期	安土 桃山	江戶 初期

在戰場上
用來當作分辨敵我的標誌

即使到了現代,也都能在和服、外褂、墓碑和配件上看到家紋。家紋就是家族的標誌,由各家族的祖先代代相傳的圖紋。

關於人們從什麼時候開始使用家紋一事眾說紛紜。有一種說法是,在源賴朝時期就已經有在使用武家的家紋;另一種說法表示,源賴朝時期尚未使用家紋。還有其他說法認為,家紋是從1156年的保元之亂和1159年的平治之亂才開始使用。

無論真相如何,在戰國時代,武家都會使用家紋,例如:在旗幟和帳幕畫上家紋,方便在戰場上分辨敵我。

在源氏和平氏的時代,因為旗幟上沒有家紋,以源氏使用白旗、平氏使用紅旗作為區分。但從平安末期到鎌倉時代,盤踞武藏國的武士團兒玉黨開始在旗幟上加入圖紋。這些旗幟上的圖紋之後就被當作家紋使用。此外,不只是旗幟,圖紋也用於帳幕。將帳幕圖紋當作家紋使用的代表性家族,有新田氏和足利氏。

如此,旗幟、帳幕、衣服等上面的花紋發展成了家紋。家紋在江戶時代用來表示武家權威,成為表現各家族地位的象徵。時代劇《水戶黃門》的結尾,佐佐木助三郎和渥美格之進展示他們的印盒後,壞人馬上跪倒在地,就是因為印盒上有德川家的家紋三葉葵,象徵著德川家的權威。

據說,以武士為對象做生意的商人在看到家紋後,就要確定其家族地位並做出適當的應對。因此還發行了一本名為《大名御紋盡》的書籍,內容詳細記錄了各個大名的家紋、石高和俸祿等資訊。

戰場上的記號

使用家紋分辨敵我

在混亂的戰場上，要分辨出敵我並不是件容易的事。武士會根據主君的家紋來辨別。

指物

家紋會名為指物或旗指物的小型旗幟上，作為記號。旗幟的長度約為3.6公尺或更大。

帳幕

在戰場上用於包圍陣地的布幕，也稱為軍幕。據說從平安時代就已經有人使用家紋。

主要戰國大名的家紋

織田信長

織田木瓜紋

外觀仿照鳥巢，有子孫滿堂之意。

德川家康

三葉葵紋

據說其原型為加茂神社的神紋。

明智光秀

桔梗紋

以日本秋天七草之一的桔梗作為家紋。

今川義元

足利二之引兩紋

足利家的權威象徵。今川是足利家宗族。

後北條氏

北條鱗紋

模仿鎌倉時代北條氏的家紋。

武田信玄

四割菱

據說是以武田的「田」所做的紋樣。

上杉謙信

竹雀紋

上杉家代代相傳的家紋，又稱為上杉笹。

毛利氏

一文字三星紋

以平安時代的皇族賜予的品位「一品」來命名的家紋。

每天下午2點下班！
家臣的真實工作情況

| 符合的人 ▷ | 家老 | 一門眾 | 側近 | 役方 | 其他 |

| 符合的
時代 ▷ | 戰國
初期 | 戰國
中期 | 戰國
後期 | 安土
桃山 | 江戶
初期 |

過著每天早睡早起、1日2餐的忙碌生活

在沒有戰爭的時候，戰國時代的家臣如何度過和平的一天呢？在戰國大名北條早雲制定的家訓《早雲寺殿廿一箇條》裡，就記載著家臣應該如何度過一天。

首先，凌晨4點起床後巡視住宅，接著用清水淨身、梳理頭髮、祭拜神佛、穿好裝束。此外，這時還會交代屬下各種要事。

早上6點開始正式上班。工作內容根據身分地位和官職而有所差異。身分地位低者負責照顧馬匹、管理備用品等雜事，或是巡邏看守。其他家臣，例如右筆就是負責書寫文件。

早餐的部分則是在上班前先吃飽，或是自行帶便當，不過有些主君會提供早餐。不用出勤時，會在早上8點左右吃早餐。

家臣並不像現在的上班族一樣每天上班，而是在需要時才出門出勤。但是，不用出勤的日子也沒有閒著，身分地位高的人要管理領地、處理雜務、接待賓客等，有各種必須完成的事情。

不僅如此，身分地位高的家臣需要負責接待或交涉，經常要喝酒，有時甚至要從早上磋商時就開始喝；身分地位低的人則是要在不用出勤的日子去田裡工作，以保障生活糧食。

出勤日會於下午2點結束工作。從現代來看，感覺時間好像還很早，但他們回家後就會吃晚餐。跟現今的1日3餐不同，家臣是過著早晚各1餐的1日2餐飲食生活。

晚上6點會關上大門、巡視住宅、檢查火源，晚上8點就寢，過著早睡早起的健康生活。

家臣的一天

沒有戰爭時過著清閒的日子!?

作為侍奉戰國大名的家臣所度過的一天。家臣給人一種忙碌的印象，但他們的生活其實意外地健康。

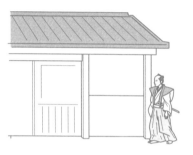

凌晨4點

在日出前起床。起床第一件事是巡視住宅，確認是否有異常，不可疏忽大意。

凌晨5點

早上6點要出勤時，會在著裝完成後的5點左右吃早餐。一般為簡樸的2菜1湯。

早上8點

工作因身分地位而異，身分低的人負責照顧馬匹等雜務。不用出勤的時候，會在這個時間點吃早餐。

下午2點

下午2點下班回家，接著食用晚餐。早晚各一餐。

晚上8點

晚上6點做好就寢的準備，關上大門、鋪好床鋪等。古時不像現代有電燈，天黑就睡覺。

賜予土地給重臣，
以代替俸祿

用土地、稻米、金錢支付家臣的俸祿

大名會給予侍奉自己的家臣俸祿，也就是工資。

根據家臣的身分地位，俸祿的額度和支付形式都會不一樣。

上級家臣會以「知行取」的形式得到俸祿。「知行」原本是指執行職務的意思，最後延伸為主君給予家臣的土地。換句話說，這種俸祿的形式是家臣從主君那裡得到土地，作為管理土地的回報，每年會收到貢米。不過，貢米不能全數留給自己，還得上繳一部分給大名。

中級家臣的俸祿是「藏米取」。顧名思義，就是以米糧的形式支付。江戶時代的下級武士大多是採用藏米取支付。

下級家臣的俸祿是採「祿米制」（扶持米），與藏米一樣，以米糧的方式給予。更下級的家臣則是以金錢支付俸祿。

也就是說，大名會以土地、米糧、金錢這3種形式向家臣支付工資。

從鎌倉時代到室町時代，會將土地的收穫量轉換成貨幣，並以「貫」為單位表示（貫是貨幣單位），此稱為「貫高制」。

不過，日本無法自己製造貨幣，所以貨幣的價值並不穩定，因此轉換成以米糧為單位的「石高制」。

在豐臣秀吉推行太閤檢地之後，石高制逐漸推廣到全國各地。

話雖如此，目前已知在豐臣秀吉統一天下前，戰國時代的近江、越前、周防等地方就已經開始實施石高制。

總而言之，隨著石高制的確立以及穩定，武士的俸祿也開始用石高來表示了。

家臣的俸祿

無論什麼時代，人都會屈服於眼前的利益

向主君宣誓效忠，也需要獲得相應的回報。武士能以土地、米糧、貨幣3種形式獲得俸祿。

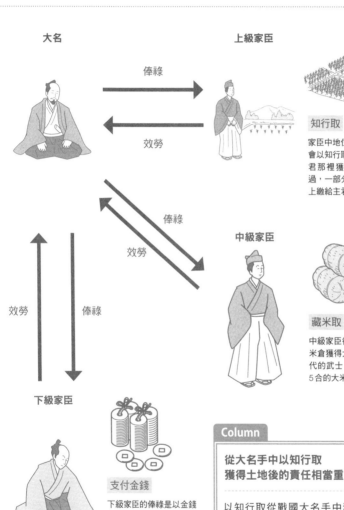

大名

上級家臣

俸祿

效勞

知行取

家臣中地位較高的人，會以知行取的方式從主君那裡獲得土地。不過，一部分的貢米必須上繳給主君。

俸祿

效勞

中級家臣

藏米取

中級家臣從主君管理的米倉獲得大米。江戶時代的武士，1天會拿到5合的大米。

效勞

俸祿

下級家臣

支付金錢

下級家臣的俸祿是以金錢支付。下級家臣兼任農夫，所以也有農業收入。此外，有時也會給米糧，而不是金錢。

Column

**從大名手中以知行取
獲得土地後的責任相當重大**

以知行取從戰國大名手中獲得土地之後，有納稅及徵召士兵的義務。因此，平時就必須訓練士兵，準備戰爭所需的裝備。儘管可以獲取收入，但同時也必須花費大量的金錢。

大名賜予的感謝狀
是讓人開心的獎勵

符合的人 ▷	家老	一門眾	側近	役方	其他

符合的時代 ▷	戰國初期	戰國中期	戰國後期	安土桃山	江戶初期

給予立功的家臣土地和官位

戰爭一旦爆發，家臣就會賭上性命去戰鬥。主君對其戰功給予的獎賞，就稱為「恩賞」。恩賞包括土地、刀劍、茶具、金銀、錢幣、作為感謝書信的「感謝狀」、官位等等。

作為恩賞賜予的土地，就稱為「恩地」或「恩領」。以恩地的名義獲得土地之後，從這塊土地獲得的貢米就會成為家臣的收入來源。

不過，恩地禁止隨意買賣、轉讓，而且還可能因為主君單方面的意思而遭到沒收。此外，作為恩賞獲得新的土地，就稱為「加增」。

對武士來說，獲得刀劍或長槍等武器的恩賞，是極為榮耀的事情。在現今成為日本國寶名刀的「長篠一文字」，原本為織田信長所有，之後才作為恩賞賜給奧平貞昌。

當家臣在戰爭中立下功勞，或是在被敵人攻擊時有所貢獻時，主君就會賜予「感謝狀」作為恩賞。一般而言，家臣會以敵方首級等物證，向主君說明自己立下多大的功勞，以此為依據論功行賞；感謝狀則是根據主君的判斷來頒發的。

不要因為「只是張紙」而小看它。感謝狀的功能就好比現今的獎狀，是展現出自己至今付出的指標之一。因此，在主君家族滅亡或是易主要另尋官職時，感謝狀就能成為一大優勢，作為獎賞之一發揮效果。

此外，與武田信玄展開激烈戰鬥的上杉謙信，在出現眾多死者的第4次川中島之戰結束後，贈予家臣「血染感謝狀」。這個名稱並不是因為用血書寫，而是對流了很多血這件事表示感謝。

家臣的獎賞

在戰爭中取得成果，會獲得獎賞

武士的職責是賭上性命為主君出征。根據獲得的結果，大名會給予名為恩賞的獎賞。

恩賞

最先攻擊敵方的軍隊或是砍掉敵將首級的人，主君會給予土地、金錢等恩賞。

恩賞的種類

愛刀

送給家臣自己的愛刀。

茶具

茶具的價格不斷上漲，有些價值甚至超過一個國家。

感謝狀

相當於現今的獎狀。對武士來說，獲得感謝狀是榮耀。

陣羽織

上戰場時，穿在盔甲外的衣物。穿上陣羽織，代表武士的身分地位。

知行地

家臣做出巨大貢獻時，會獲得從敵國取得的部分領土。

金錢

由於土地有限，有時會給予馳騁在戰場上的家臣金錢。

比起土地，家臣更想要茶具

提升茶具的價值，以此作為家臣行動的動力

如前頁所介紹的，茶具是家臣立功時，大名贈予的恩賞之一。

茶道在戰國時代蔚為風行，連武將都很喜歡茶道。而巧妙地利用茶道的人，就是織田信長。

織田信長雇用茶人今井宗久、津田宗及、千利休為「茶頭」（侍奉貴人的茶藝師），目的是透過兼任堺之町商人的他們來掌控堺。

此外，織田信長還利用茶道來控制家臣。如之前所述，茶具會作為恩賞送給家臣，對於熱衷茶道的家臣來說，他們非常渴望在領取恩賞時獲得茶具。織田信長的家臣中，被譽為槍械高手的瀧川一益，在1582年與武田勝賴的戰鬥中表現活躍，於是織田信長給予他上野國等土地作為恩賞，還命他為關東管領。然而，瀧川一益並沒有為此感到開心。因為他非常想要織田信長手中名為「珠光小茄子」的茶入，並期待能得到它作為獎賞。甚至還留下一則軼事，瀧川一益寫信向茶友抱怨：「今後得不到茶道之神庇佑了。」

從這件事可以看出，武將比起領土，更想要有名的茶具，而織田信長成功地利用了他們這種心態。

那麼，是誰決定了家臣渴望的茶具所擁有的價值呢？實際上，這也與織田信長有著密切關係。

對於將茶具作為獎賞送給家臣的織田信長來說，茶具必須是高價位的物品。織田信長的茶頭都是茶道大師，只要茶具得到他們的認證，就會提高價值。這麼一來，就能按照織田信長的設想，使茶具作為權威的象徵，價值水漲船高。

茶具與茶人

作為管理領國手段之一的茶具生意

家臣在戰爭中立下汗馬功勞，卻沒有土地可以賞賜……因此，織田信長將目光轉向茶具。

主要的茶具種類

茶入
拿來裝粉末狀茶粉的容器。

茶壺
盛裝磨粉前的碾茶。

茶碗
盛裝泡好的茶，顏色和設計各異。

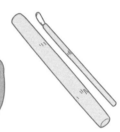

茶杓
將茶從茶入中舀出來的器具。

茶人的日常

平時做的是不同的工作
戰國時代，千利休、今井宗久等眾多茶人專研茶道，但並非只靠茶道維生。他們平時的職業是商人，或是經營倉儲業務。

放鬆心情的茶會
茶人平時忙於與大名交涉、經營商家，他們之所以喜歡茶道，可以說是當作一種擺脫日常工作的方式之一。

下級家臣的住處沒有地板，只能鋪稻草睡覺

符合的人 ▷	家老	一門眾	側近	役方	其他	符合的時代 ▷	戰國初期	戰國中期	戰國後期	安土桃山	江戶初期

大名居住的屋敷與下級家臣居住的簡樸長屋

武士居住的武家屋敷，原本是模仿公家宅第的寢殿造樣式，房間鋪著木板，左右兩邊數量均等；到了室町時代後，逐漸轉變為主殿造樣式，不再拘泥於左右均等，而是根據功能建造獨立的建築物，如：廚房、餐廳、接待空間等，並在四周圍上圍牆。

主殿是主殿造的命名由來，用來進行正式會面。宅第的地板一般是鋪木板，不過主殿等地方考慮到客人來訪，會鋪上榻榻米。

此外，主殿造的特色是，搭建在北側和南側的建築物有不同的功用。北側是寢室和妻子居住的房間，也就是私人空間，稱為「御裏方」。當時會稱呼大名等身分高貴者的妻子為「北之方」，就是因為妻子住在位於北側的房屋中。相對於作為私人空間的北方，南方則是有用來接待客人的主殿和本主殿，以及茶室等，與「御裏方」相反，因而稱為「表向」。

這些宅第是身分高貴的家臣住的地方。順帶一提，大名居住的大名屋敷，其主殿造為了防禦敵人的侵襲，會建在城內。

城堡周圍是中級家臣、下級家臣居住的侍屋敷。當然，中級家臣和下級家臣的住處並不華麗。尤其是足輕等下級家臣，居住的房子都相當簡樸。有些家臣會一起住在長屋中，共同生活。一般而言，同樣使用木板作為地板，但根據情況，可能會沒有地板，只能將泥土壓硬，在泥地上鋪稻草。房子四周會圍上籬笆，籬笆是用五加等食用植物製成。

說到五加，據說第1位栽種五加的人，是侍奉上杉家的智將直江兼續。

家臣的房屋

木造平房是生活中心

戰國時代，居住的房子會根據家臣的階級而有所不同。成為上級家臣，就能建造大宅第。

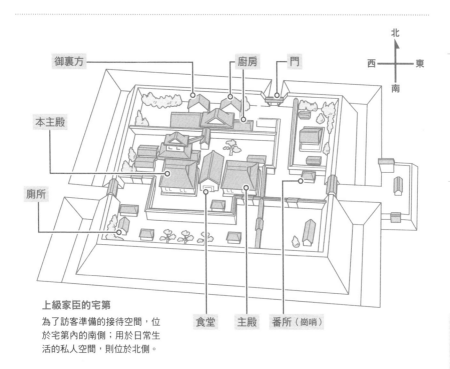

北
西　東
南

御裏方　　廚房　　門

本主殿

廁所

食堂　主殿　番所（崗哨）

上級家臣的宅第

為了訪客準備的接待空間，位於宅第內的南側；用於日常生活的私人空間，則位於北側。

茅草屋頂

五加

下級家臣的住宅

下級家臣會住在長屋中，屋頂用茅草搭建而成。因為當時的榻榻米屬於高級品，室內大多是鋪稻草，而不是鋪榻榻米。

戰國 FILE

甲斐之虎・武田信玄使用的是水洗式廁所

在家的生活日常不光是睡覺、吃飯，當然還需要大小便。上級家臣家裡有一種名為「樋箱」、類似馬桶的工具，會在那裡解決如廁問題。不過，據說戰國大名武田信玄使用的是沖水式的水洗式廁所，將洗澡水再利用做成的。

戰國時代的酒席
會在飯後端出茶和點心

符合的人 ▷	家老	一門眾	側近	役方	其他

符合的時代 ▷	戰國初期	戰國中期	戰國後期	安土桃山	江戶初期

🍂 平時吃得簡樸，
在戰場或宴會上享用美食

其實，現代人1日3餐的習慣是從江戶時代開始養成的；在此之前，人們都是過著早、晚各1餐的1日2餐生活。現在吃的白米，在當時是一種奢侈的食物，只有大名等地位高的人才能吃得到。除此之外，一般家臣吃的都是紅米、黑米等糙米，更下級的家臣則是吃雜糧。

古時的配菜有魚乾、豬肉、鹿肉和雉雞等肉類料理。不過，肉類被視為高檔食物，所以只能偶爾吃一次。

此外，也有燉蔬菜、納豆、魚板、豆腐，以及酸梅等醃漬物，還有使用米糠的糠味噌、以鹽巴醃漬蔬菜製成的湯料理等等。

不過，能夠吃到配菜的都是上級武士，大部分的家臣只能大量攝取作為主食的米飯，或是做成菜粥來果腹。

上述說的都是日常飲食，交戰時會準備不同的飯菜。用平時不能吃的白米飯糰、高蛋白質的味噌等等款待家臣。出征前為了鼓舞士氣，甚至還會喝酒。

在招待客人的宴會上端出的「本膳料理」，也與平時的膳食完全不同。本膳料理中，會遵照「式三獻」禮節，將菜餚按照順序放在單人桌上舉行酒宴。當所有的料理都上桌後，會提供茶和點心，以去除口中的餘味。這就是所謂的本膳料理。

本膳料理始於室町時代，在江戶時代發展成形並廣為流傳，但現今已很少見了。

不過，有一種說法是，本膳料理其實是受到西式全餐的影響。西式全餐的上餐方式就是從餐前酒開始，依序端上料理，最後是點心和茶。

基本飲食與本膳料理

根據對象而變化的飲食

戰國時代，基本飲食和招待上級人物的料理有許多不同之處，當時的飲食習慣是什麼呢？

基本飲食

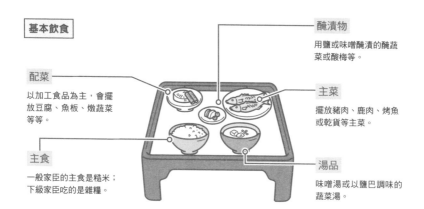

醃漬物

用鹽或味噌醃漬的醃蔬菜或酸梅等。

配菜

以加工食品為主，會擺放豆腐、魚板、燉蔬菜等等。

主菜

擺放豬肉、鹿肉、烤魚或乾貨等主菜。

主食

一般家臣的主食是糙米；下級家臣吃的是雜糧。

湯品

味噌湯或以鹽巴調味的蔬菜湯。

款待客人的料理

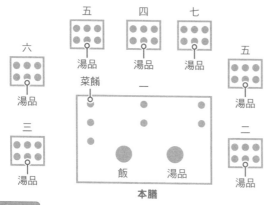

五　湯品
四　湯品
七　湯品
六　湯品
三　湯品
五　湯品
二　湯品
菜餚
一
飯　湯品
本膳

本膳料理

在家招待地位比自己高的人時所端出的料理。先以式三獻的方式品完酒後，從本膳開始大規模地端出7道料理。

Column

石田三成的最後一餐「韭菜雜燴粥」

石田三成在關原之戰中敗給德川家康率領的東軍。他在被處決前因為身體不適，提出希望可以吃到韭菜雜燴粥的要求。韭菜從以前就以增強體力而聞名，從這則軼事中可以感受到，石田三成想要在恢復精神後，對德川家康報一箭之仇的決心。

用餐也要論資排輩

身處血腥時代，連吃飯都是一種享受。然而，用餐時，也不是什麼事情都能隨心所欲的。

主人

戰國時代的大名家中，有時大名也會與家臣一起用餐。在這種情況下，作為主人的大名會坐在上座。

※飯桌為正方形

排列順序

除了主人以外的人，會依照階級高低依序排列。與家人一起吃飯時，則以論資排輩的方式，年齡大的坐在主人附近才符合禮儀。

用餐時的禮儀

用餐有各種麻煩的禮儀

戰國時代相當重視上下關係。在一家之主面前吃飯時，必須要注意禮儀。

不可以比主人先動筷子

用餐時，比主人先開動是不禮貌的行為。要先確認主人已經動筷，才能拿起筷子吃飯。

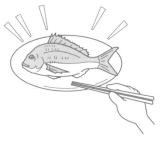

不可以搶先夾高級魚

在慶祝的宴席等場合吃飯時，有時會端出高級魚料理。這時不要第一個去夾高級魚，避免被他人認為品格不佳。

嚴格禁止暴飲暴食

狼吞虎嚥地吃飯是不禮貌的行為，配合主人的吃飯速度是基本禮儀。

「吃飽了」的信號

當客人等將熱水倒入飯中時，代表他「已經吃飽了」，再繼續提供飯是失禮的行為。

為什麼不是「茶泡飯」，而是「湯泡飯」？

「快端上湯泡飯！」是大河劇中經常會聽到的的台詞。為什麼不是茶而是湯（熱水）呢？這是因為當時的茶是高級品，不像現在可以隨意買到。在太田牛一的《信長公記》中也有記載「湯泡飯」。

家臣會配合大名的興趣，參與鷹獵、蹴鞠等

符合的人 ▷	家老	一門眾	側近	役方	其他

符合的時代 ▷	戰國初期	戰國中期	戰國後期	安土桃山	江戶初期

家臣依娛樂性質分成戶外派和室內派

說到常見的武將娛樂活動，戶外有鷹獵、射鳥，室內有茶道、連歌。武將的家臣有些擅長戶外活動，有些則是熱衷於室內興趣。

所謂的鷹獵，就是將飼養的老鷹放到野外，讓牠們抓取小動物。鷹獵不僅是一種娛樂活動，藉由決定順序、分派任務等，也是一種軍事演習，深受織田信長和德川家康等人喜愛。

此外，擁有優秀的老鷹也是權威的象徵。當然，為了讓主君的鷹獵順利進行，家臣會在一旁幫忙。甚至有像德川家康的重臣本多正信一樣，從鷹匠起家的人。德川家康與本多正信的關係密切到被稱為是「魚水之交」，幾乎不用交談，只要以「啊、嗯」等語氣詞就能理解對方的意思。也許就是因為經常一起鷹獵，才建立起這種緊密的關係。以槍械射鳥，不僅可以當作戰爭時的槍術訓練，還能射到雉雞等獵物加餐，可謂是一石二鳥。

至於室內娛樂中，茶道則被視為武士的文化素養。目的是將自己置身於有別於戰場血腥喧囂的寂靜之中，按禮儀享受茶道。由武野紹鷗、千利休等人，將侘茶傳入武家社會。

此外，和歌和連歌也深受武士喜愛。連歌是指將和歌的五、七、五、七、七的上句（五、七、五）當作前句，將下句（七、七）作為付句，並分別由2個人交替吟誦。

武將之所以喜歡連歌，據說是為了吟詠辭世詩句而進行鍛鍊。另外，武士還相信唱連歌可以累積功德，因此會在出征前舉行連歌會，為祈求勝戰奉獻給神社。由此可知，家臣不僅具備武藝，還要有文化素養。

陪同大名參與鷹獵，是出人頭地的好機會

許多戰國大名都喜歡鷹獵。服侍在左右的家臣也會陪同前往，盡力討大名歡心。

支持大名家族的重臣

教育負責人、輔佐人、傭兵

家臣的工作

家臣的地位象徵

鷹獵

鷹獵是將馴養的老鷹放到山野中，讓牠們捕捉小動物或野鳥等的戶外活動。意即驅使老鷹狩獵，而非獵鷹。深受許多戰國大名的喜愛。

鷹匠

飼養、訓練老鷹的專家。馴養野生的老鷹需要花費數年的時間，並且要有高超的技術。

獵物

獵物有兔子、狐狸、狸貓等小動物，以及鶴、雉雞等野鳥。

大名

鷹獵也成了戰鬥的練習之一，大名會命令家臣驅趕獵物。此外，因為是在領地內進行，也可以順便視察領土、活動身體，有助於保持健康。

家臣

奉主君之命追趕獵物。家臣不會放鷹，但這個場合可以讓他們在行動的時候，藉機跟主君溝通。

興趣②

擁有運動愛好的武士

有些武士喜歡活動身體；有些武士喜歡看別人活動身體。

蹴鞠

平安時代的貴族之間流行的踢球比賽，之後也傳到武士社會。

相撲

以織田信長的獎勵而聞名。織田信長召集全國的力士，讓他們相互比拚，獲得勝利的就能成為其家臣。

射鳥

用槍械射鳥的娛樂。同時還可以進行槍械訓練，以及將擊落的獵物當作食材。

戰國FILE

有些人的興趣是收集刀具

豐臣家五大老之一的上杉景勝，其興趣就是收集刀具。他對刀具相當熱愛，甚至製作了目錄《上杉家御手選三十五腰》。上杉景勝收集的愛刀，到了現在，有許多都成為了日本國寶或重要文化財。

興趣③

武士範圍廣大的室內娛樂世界

武士中有不少人在戰場上激進好戰,但平時卻沉迷於室內娛樂。

和歌

日本傳統詩歌,以五、七、五、七、七的節奏編寫。

能劇

配合歌曲和音樂進行的戲劇。有些武士單純喜歡觀賞,有些則會親自下場表演。

茶道

燒水請客人喝茶的娛樂,在戰國時代的武士之間蔚為流行。

連歌

由2個人交互吟唱和歌的上句和下句,或是相互吟唱好幾首和歌的娛樂。

伊達政宗的興趣是做料理!?

證據

伊達政宗(1567年～1636年)

伊達政宗的右眼戴著眼罩,是以「獨眼龍」之名為人所知的大名,不過他的興趣卻是料理。據說他非常熱愛料理,甚至留下「不懂料理的人,內心是貧瘠的」這一句話,而且還發明了毛豆麻糬、凍豆腐、仙台味噌等料理。

上級家臣會穿著
和女性一樣華麗的服飾

符合的人 ▷	家老	一門眾	側近	役方	其他	符合的時代 ▷	戰國初期	戰國中期	戰國後期	安土桃山	江戶初期

展現權威的禮服與
色彩、裝飾華麗的便服

武士的服裝大致可分為禮服和便服。禮服有展現高身分地位的「直垂」，與較簡樸的「素襖」。此外，直垂中有名為「大紋」的正式服裝。大紋直垂上繡有2處明顯的大型家紋，分別在上衣和袴（褲裙）上。按照規定，上衣要有5處家紋，下身則是2處。《忠臣藏》中，淺野長矩在江戶城的松之廊上穿戴的就是大紋直垂。可見到了江戶時代，袴已經長到拖曳在地上的程度了。

從鎌倉時代到室町時代，直垂逐漸出現變化，布料使用高級絲綢，並用繩子在前方繞出固定的樣子；另一方面，素襖則使用麻布製成，並染出花紋。無論是直垂還是素襖，都習慣與「侍烏帽子」一起穿戴。

便服稱為「小袖袴」，一般是袖子窄小的和服加上袴。小袖原本用來當作內裡，後來採用當時最高技術來完成，例如：唐織、縫箔和辻花等，成為絢爛豪華的裝飾。小袖是現今和服的原形，袖口開口的部分較小，是較好活動的輕裝。外出時，會在小袖袴外套上肩衣、胴服等上衣，這些上衣也會有華麗的圖案。

肩衣是去除禮服素襖的袖子製成，之後逐漸變化成「裃」；胴服主要是作為防寒衣物，所以一旦成為上級家臣，胴服也會繡上華麗的圖案。

家臣平時穿著小袖袴，需要出席正式場合時就會穿著直垂。不過，兩者的顏色和花紋都華麗到媲美女性的服裝。尤其是德川家康，據傳很喜歡華麗的小袖，侍醫板坂卜齋還因此寫下「日本的服裝結構始於德川家康」這句話。

家臣的服裝

武士的衣服分成禮服和便服

武士並非隨時都穿著盔甲。在參加儀式時，他們會穿著禮服；沒有特別活動的日子，則會穿著便服。

便服

肩衣

小袖

袴

小袖

袴

肩衣
外出時，會在小袖外套上名為肩衣的上衣。肩衣上繡有家紋。

小袖袴
武士的便服一般是袖口較狹小的小袖，搭配羽織和袴。

禮服

直垂

冠

袍

平緒

袴（雙層）

直垂
參加儀式時穿著的服裝。在平安時代和鎌倉時代是平民穿的衣服，後來轉變成適合正式場合的高雅設計。

侍烏帽子
塗上黑漆的紙製帽子。相對於直垂是在正式場合穿著的衣服，侍烏帽子經常會在日常生活中配戴。

公家的禮服
公家穿著名為「束帶」的禮服，頭上戴著「冠」。袴有2種，「大口袴」外面會在套上一件「表袴」。

武士身上會散發出如同香草般的甘甜香氣

🌀 戰國武士喜歡酸甜的香氣？

池波正太郎所著的《鬼平犯科帳》中有一篇故事叫作〈暗劍白梅香〉，內容講述一位暗殺目標為長谷川平藏、名叫金子半四郎的刺客，試圖讓身體飄散出酸甜花香。金子半四郎每次殺人之後，都會覺得身體沾附著血腥味，所以他在池之端仲町買了髮油「白梅香」塗在身體上。

武士對香氣尤其講究。在經常與死亡相伴的日子裡，武士會焚香以鎮定心靈。此外，據說武士在上戰場時，也會在頭髮和盔甲上焚香，使香氣留在身上。武士對美相當執著，無法容忍當敵人取下自己的首級、抓著頭髮時飄散出惡臭味，這對他們來說是有損顏面的事情。此外，也不希望身上散發出令人不快的味道。據說敵人也會對此表示敬意，有時檢查完首級後會將之送回家鄉，途中也不忘焚香。可見香氣對武士來說多麼重要。

那麼，武士究竟使用什麼香料呢？主要使用的是「丁香」，也就是現今常用於咖哩和肉類料理的香料。丁香是桃金孃科的一種常綠喬木，花蕾變成淡紅色時，將之乾燥就會散發出芳香，聞起來酸中帶點香草的甜味。香氣四溢的丁香味，有時也能讓女性如癡如醉。

然而，對於生活在戰國時代的武士而言，香氣終究是自身儀容的一部分，是作為曾經下過工夫的證明，讓自己無論什麼時候死亡，都能保持在端莊有禮、令人欽佩的模樣。因此，武士會在平時以清水洗淨身體、用木賊磨好指甲後焚燒丁香。由此可知，香氣是武士保持乾淨和平常心的必要之物。

武士連香氣都講究

一般人對武士的印象可能是滿身汗臭，但其實他們平時會焚香，讓身體帶著香氣。

香爐
焚香時會使用一種名為香爐的器具。將香放入香爐後點火，室內就會瀰漫香氣。

丁香
武士主要使用名叫丁香的樹木，燃燒時會散發出類似香草的甘甜香氣。

焚香以外的儀容打扮

沐浴
武士早上會起床沐浴。不僅能清除身上的汙垢，還有淨化身體的意義。

磨指甲
當時磨指甲的工具是用一種名為木賊的植物加工而成。武士平時會將指甲修剪乾淨。

121

年輕武士
會趕時髦留瀏海

家臣的法則
其三十三

符合的人 ▷ | 家老 | 一門眾 | 側近 | 役方 | 其他 |

符合的
時代 ▷ | 戰國初期 | 戰國中期 | 戰國後期 | 安土桃山 | 江戶初期 |

戴頭盔也不悶熱的髮型——月代頭

剃掉從額頭到頭頂的頭髮，就叫作「月代」。時代劇中出現的「丁髷」，額頂無髮的部分即是月代。順帶一提，丁髷這個名稱於江戶時代誕生，指武士上年紀後髮量減少，以剩餘頭髮梳成的小髮髻。

據說月代頭是為了避免戴頭盔上戰場時感到悶熱而剃。只剃掉頭頂、留下左右兩側頭髮，可防止頭盔摩擦而造成擦傷。起初是一根根地拔掉頭髮，但頭皮會因此發炎，導致戴頭盔時感到疼痛，於是演變成用剃刀來剃頭。月代是鎌倉時代開始出現的髮型，不過當時都會戴著頭盔或烏帽子，很少會看到頭頂露出的樣子。

武士的髮型中，最為人熟知的是「銀杏髷」，將側邊和後腦勺的頭髮綁成髮髻後往前折向頭頂，髮髻前端會像銀杏葉一樣展開，因而得名。

另一種髮型「茶筅髷」，則不必剃頭髮，直接綁起來，並用細繩從根部細綁，使之立起。由於頭髮前端長得與茶具「茶筅」相似，因而得名。年輕武士普遍喜歡這個髮型，青年時期的織田信長還會用黃綠色繩子，將頭髮綁成高高的茶筅髷。

除此之外，還有只留瀏海、剃掉頭頂頭髮的「中剃頭」，這也是深受年輕武士喜愛的髮型。

關於「月代」這個詞彙的來源眾說紛紜。有一種說法是，戴頭盔時頭頂會像月亮一樣又圓又白，因此寫成「月白」；也有說法稱戰場令人喘不過氣（さかいき），為了舒緩這股煩躁而把頭髮剃掉，因而稱為「さかいき」，之後在以訛傳訛下變成「月代」（さかやき）。

家臣的髮型

變化多端的武士髮型

說起武士最大的特色，就必須談到他們獨特的髮型。因為戴頭盔會感到悶熱，所以大家逐漸習慣綁成髮髻。

中剃
只剃掉頭頂的頭髮，留下瀏海部分。年輕武士喜歡的髮型之一。

月代

茶筅髷
綁成一束，樣子類似抹茶用的器具茶筅，因而得名。

月代
用剃刀剃掉額頭到頭頂的頭髮。

天主教信徒
模仿基督教傳教士，頭頂剃成圓形。

剃出月代
起初一根根拔掉頭髮。據說第一個用剃刀剃髮的是織田信長。

總髮
不剃出月代，以現代來說就是所謂的長髮。到室町時代為止，都是武士最常見的髮型。

騎馬武者的馬
像矮種馬一樣矮小

符合的人 ▷	家老	一門眾	側近	役方	其他

符合的時代 ▷	戰國初期	戰國中期	戰國後期	安土桃山	江戶初期

乘坐名馬是名將的證明

到中世紀為止，騎馬武者主要的攻擊手段都是從馬上射箭，可從現今在日本各地舉行的「流鏑馬神事」中窺見當時的風采；到了戰國時期，逐漸演變成持長槍和大刀衝入敵陣的戰術，馬成為戰場上不可或缺的存在。

通常騎馬的是指揮官或有地位的武將，騎馬是他們的義務。騎馬的優勢之一是可以配戴比步兵更堅固的重型裝備。馬匹也會配戴馬具，如：套在馬嘴上的馬轡、騎馬用的馬鞍、保護馬腹的障泥，以及鐵或皮革製成、覆蓋馬臉用以威嚇的馬面等，藉此讓馬匹的外觀看起來更強大、令人畏懼。這些裝備所費不貲，如果地位不超過知行200石，就無法成為騎馬武者。

此外，現在的馬匹為身高160公分的純種馬，但當時的馬匹僅約130公分而已，與現今的矮種馬相似。

當時的名馬產地有甲斐、上野、武藏、信濃國及東北和九州，尤其是南部（今岩手縣）和奧羽（今福島縣），品質更為精良。奧州大名伊達輝宗向織田信長獻上奧羽馬時，織田信長就相當高興。織田信長是著名的茶具和駿馬收藏家，除了他人獻上的馬，他還會奪取敗將的馬。據《信長公記》記載，毀滅武田家時，織田信長就要求獻上武田勝賴的愛馬。

1581年，織田信長在京都舉行了名為「馬揃」的閱兵儀式，比較馬術優劣，並向內外展現自己頒布「天下布武」（以武力取得天下）的實力。以現在來說，就像在馬路上開戰車的軍隊遊行。順帶一提，織田信長擁有的名馬超過100匹，不過目前無法考證織田信長是否騎過所有名馬。

家臣與馬

只有上級武士才能騎馬

僅限於身分高的武士才能成為戰場明星「騎馬武者」。此外，戰國時代的馬匹體型較現代的馬矮小。

流鏑馬

從平安時代就已經有在馬上射箭的「流鏑馬」。進入鎌倉時代後，被視為是武士的修養，所以地位高的武士會反覆練習至精通。

大刀

長槍

騎馬隊的武器

騎馬武者不僅會使用弓箭，還會用長槍、刀、槍枝等各種武器。當時在戰場上最常見的是長槍。

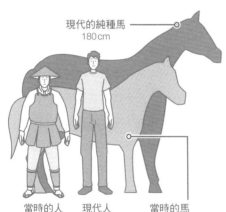

現代的純種馬
180cm

當時的人
160cm

現代人
170cm

當時的馬
120～140cm

現代與戰國時代的馬

戰國時代的馬匹體型與現在所謂的矮種馬差不多。當時的人個子也不高，搭配起來相當合適。

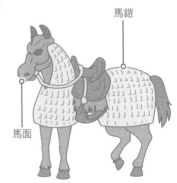

馬鎧

馬面

馬鎧

在戰場上，馬匹通常都很顯眼，經常會被當作攻擊的目標。因此，會讓馬匹穿戴防具馬鎧，以提高防禦力。

戰死後直接丟棄在野外，不會舉行葬禮

符合的人 ▷	家老	一門眾	側近	役方	其他

符合的時代 ▷	戰國初期	戰國中期	戰國後期	安土桃山	江戶初期

與死相伴的戰國時代所舉行的葬禮

戰國時代的喪事、葬禮除了會依照地位而異，死因不同也會有差異。

以病死來說，武田信玄的死亡隱藏了3年，豐臣秀吉的死亡也遭到隱瞞。因為家臣害怕大名的死亡會改變勢力版圖，基本都會選擇保密。

若是戰死沙場，大部分都沒辦法找到遺體，因此舉行葬禮時會以本人的遺物等來代替。如果有發現遺體，大多也會直接土葬，但若是地位高的武將，敵人就會砍下首級帶走，等到對方確認完首級送回後才能舉行葬禮，而且只火葬首級。

葬禮一般採佛教儀式，由許多僧侶供奉。身分不高的家臣會舉行極為簡單的葬禮，若是戰死，費用就由家臣所屬的武將承擔。此外，戰敗軍的遺體往往被直接丟在荒野中，頂多蓋一個首塚。供養塔的出現，大多是因為住在當地的居民害怕鬼魂作祟，而建造的。

黑田如水等天主教徒的葬禮，會採天主教儀式，並將墳墓建在佛教寺院內。在黑田如水的時代，尚未禁止天主教，但已經開始逐漸加強管制，因此才想出這樣的折衷方案。

根據路易士‧佛洛伊斯的紀錄，西日本的葬禮有一種習俗，當藩主火葬時，家臣等人要切掉自己的手指，一起扔進火裡。不過，日本的史料中沒有看過丟入手指的紀錄，倒是有許多跟主君一起殉葬的例子。

民俗學者柳田國男表示，在宮崎縣等地方有一種習俗，親屬會在棺材中的死者脖子上掛一個袋子，並將米糧、六文錢以及親屬的指甲一起放入袋子中。

葬禮事宜

葬禮形式因死因而異

人總有一天會死亡，而武士會採取什麼樣的方式悼念呢？以下比較了戰爭時與和平時的葬禮差異。

和平時

土葬
一般是將屍體放入挖好的洞裡。優點是花費比火葬少。

火葬
火葬與佛教思想有關，以佛教徒較多的西日本為中心，許多人都會在火葬後進行弔唁。

戰場

曝屍荒野
對戰死士兵的屍體通常都直接置之不理，曝屍荒野。

首塚
當地居民有時會幫忙弔唁，建造名為首塚的墳墓。

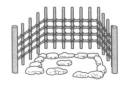

首桶
有名的武士在遭到擊殺後，會放入名為「首桶」的桶子中，從戰勝國送到戰敗國，受到相當的禮遇。

武家的孩子
會在寺廟研讀兵法書

符合的人 ▷	家老	一門眾	側近	役方	其他

符合的時代 ▷	戰國初期	戰國中期	戰國後期	安土桃山	江戶初期

🌀 武家的孩子在禪寺學習兵法

中國宋朝時期有7本兵法書,分別是《孫子》、《吳子》、《司馬法》、《六韜》、《三略》、《尉繚子》、《唐太宗李衛公問對》,之後彙編為《武經七書》,於奈良時期傳入日本。然而,這些內容只有臨濟宗的僧侶會解讀。僧侶不僅傳承佛教教誨,也通曉四書《論語》、《大學》、《中庸》、《孟子》,五經《易經》、《尚書》、《詩經》、《禮記》、《春秋》,以及《武經七書》等道德和帝王學的學問。

武家會精心培育作為繼承人的孩子,但為了應對長男早逝的情況,次男和三男也會受到重視。他們從小就會在寺院接受菁英教育,或是聘請僧侶擔任家教,學習中國古典文學與日本的《古今和歌集》、《萬葉集》、《源氏物語》。不過,戰國時代的關東最高學府是足利學校,成立於鎌倉時代到室町時代,位於下野國足利莊(今栃木縣足利市),校內排除佛教色彩,僅教授儒學、兵法和醫學等。

武家的孩子大多會送到寺廟學習,如:織田信長、上杉謙信、武田信玄、今川義元等,就連農民出身的豐臣秀吉也不例外。這些知識確實在日後發揮顯著效果,但對於要成為武人的他們來說極其無聊,武田信玄甚至拜託老師教他戰爭必要的實務知識。

德川家康從小就喜歡讀書,他閱讀了許多兵法書,並將鎌倉時代的《吾妻鏡》放在身邊,以研究帝王學。

閱讀、理解兵法書,能夠養成實際交戰時需具備的應用能力,以及臨機應變制定戰術的能力。當然,光靠理論並不能成為優秀的武將,同時還需要鍛鍊武藝才行。

孩子的教育（學問）

武士從小就閱讀兵法書

武士的孩子不只是武藝，還要精通學問。他們的學識能力要優秀到可以閱讀艱澀難懂的書籍。

禪寺

僧侶是當時的知識分子。禪寺會照顧武士的孩子，並依照年齡教授學問。

讀寫

讀寫是基本的學習能力。此外，在書法教學中，也會教他們如何寫草書、行書等書寫體。

朗讀

朗讀中國和日本的古典文學，並同時傳授一般常識。

繪畫

讓尚無法讀寫的孩子畫畫或玩耍。

教導相撲，作為戰場的實戰訓練

符合的人 ▷	家老	一門眾	側近	役方	其他

符合的時代 ▷	戰國初期	戰國中期	戰國後期	安土桃山	江戶初期

武家孩子勤奮學習的武藝

在禪寺學習兵法的同時，武家的孩子也要學習實戰用的武藝。寫於戰國時代的《甲陽軍鑑》，就是甲斐武田家的軍事學專書，這本書指出「武藝四門為弓、鐵炮、兵法、馬」，可見武藝基礎包括了兵法、弓箭、槍械、騎馬。

弓箭自古以來就是以步射為基本，但隨著騎馬技術的發展，愈來愈常活用於騎射，直到槍械等槍砲出現為止，一直都是使用弓箭射擊的戰法。因此，弓箭是武家的孩子必學的武藝，從小就要勤於鍛鍊。此外，還要搭配學習騎馬，以做到騎射。

當時的馬是性格粗暴的野馬，騎馬需要本事和嚴格的訓練。有時還會要求孩子不用韁繩騎馬，甚至將從馬上落馬的人比喻成滾動的桃子，恥笑他們為「桃尻」（桃子屁股）。

從歐洲傳入種子島的火繩槍，在技術能力出眾的日本人手中迅速國產化並在戰場上普及。日本作為產鐵的國家，到戰國時代末期，已經擁有超過50萬把的火繩槍，是世界上數一數二的槍械擁有國。目前沒有找到武家的孩子學習使用火繩槍的紀錄，但一般認為他們有學習操作技術的機會。

劍術方面，則由武將的家臣來擔任傅役、進行指導。相撲是戰場上的格鬥基礎，並且極為實用，因此會命孩子努力學習。而且在穿著盔甲交戰時，經常會演變成肉搏戰，所以相撲是相當重要的武藝。

無論如何，對戰國時代的武家孩子來說，必須學習兵法和武藝，而這些養分也會在他們長大成人後，成為參與戰爭時所必備的知識和技術。

孩子的教育（武藝）

武家的孩子當然要學習武術

戰國時代的孩子在長大成人後就必須上戰場，理所當然地會被要求學習武術。

弓術

火繩槍出現之前，弓箭是主要的武器。除了劍術和槍術，也會教授弓術。

相撲

戰爭中，經常會發展成互毆的肉搏場面，因此自幼就要學習相撲。

馬術

地位高的武士必須要騎馬，因此上級武士的孩子要學習馬術。

落馬

落馬的樣子就像是滾動的桃子，同門會嘲笑落馬者為「桃尻」。

火繩槍

日本在戰國時代擁有的槍械數量是世界上數一數二的。武家的孩子很有可能也有學習使用槍械。

家臣會對主君的戀情發表意見

符合的人 ▷	家老	一門眾	側近	役方	其他

符合的 時代 ▷	戰國 初期	戰國 中期	戰國 後期	安土 桃山	江戶 初期

戀愛是盲目的？戰國時代的各種戀愛觀

戰國時代大多是策略婚姻，因自由戀愛而結婚的情況並不多。在地方割據的戰國時代，會將公主嫁到其他國家，建立姻緣關係，並伺機奪取領地。據傳織田信長的妹妹、以美貌著稱的阿市，成為近江大名淺井長政的繼室，並生下3個女兒，卻向織田信長告發了淺野長政的背叛行為。由此可知，出嫁到他國也是一種派遣間諜的方式。

當時認為在婚姻中，最先要考慮的是留下優秀的後代，因此除了正室外，也可以擁有側室，與現代的一夫一妻制不同。雖說如此，戰國時代也確實存在著所謂的戀愛，九州戰國大名龍造寺氏的家臣鍋島直茂，對另一名家臣石井忠常的女兒情有獨鍾，兩人多次偷偷幽會，鍋島直茂甚至還被當作可疑人士而受傷。不過，或許是感受到鍋島直茂的真心實意，兩人最後成功結下姻緣。上杉謙信年輕時，也愛上許多女性，但由於門第、地位差距以及家臣的反對，不得不放棄。由此可知，大名等地位愈高的人，就愈難自由戀愛。

或許是因為這樣，戰國時代非常盛行男人之間的戀愛（眾道）。當時男同性愛相當普遍，織田信長與前田利家、森蘭丸之間有同性愛，是眾所皆知的事情。此外，伊達政宗和豐臣秀吉等人也喜歡男同性愛。就如同「英雄好色」這句話，戰國時代的性愛關係不分男女。

順帶一提，身為武將的明智光秀一生都沒有納側室。據悉，明智光秀的正室熙子非常漂亮，甚至連織田信長都忍不住伸手抱住她。

家臣的戀愛

武士身分愈高，愈不可能戀愛結婚

與異性相愛是自然的規律，但武士的戀愛觀又是如何呢？

戀愛結婚
在一夫多妻制的時代，也有武士會真心愛上
一位女性。

策略婚姻
對武士來說，家族的存續是一大課題，戀愛
和結婚不能視為同一件事。也有人在舉行結
婚儀式時，才初次看到對方的長相。

周遭的反對
即使迷戀對方的長相和性格，如果門第和立
場不同，也會因為周圍的反對而分手。

眾道
戰國時代的武士，戀愛對象不只異性，與男
性發展性關係被視為理所當然的事情。

武士攝取過多鹽分，導致壽命縮短

符合的人 ▷	家老	一門眾	側近	役方	其他	符合的時代 ▷	戰國初期	戰國中期	戰國後期	安土桃山	江戶初期

許多武將死於癌症、腦梗塞、腦出血

相較於現代，戰國時代的醫學尚未發達，疾病是更令人恐懼的存在。當時，只有京都朝廷和幕府附近有優秀的醫生，如果住在地方的武將罹患重病，只能透過祈禱來驅除邪氣。因此，有些武將會培養年輕的醫生，讓他們去京都學醫。

當時將內科疾患稱為「積聚」，其中還包括癌症。許多武將死於癌症，這是一種即便到了現代，也還在折磨人類的疾病。一般認為死於癌症的武將有丹羽長秀、武田信玄、毛利元就、德川家康。

丹羽長秀是侍奉織田信長和豐臣秀吉的家臣，其罹患的是胃癌。還有傳聞表示，苦於疾病的丹羽長秀切開自己的腹部，取出腫瘤而死。腫瘤外型與石龜相似，丹羽長秀將腫瘤與遺書一起寄給豐臣秀吉。

也有許多戰國武將死於腦梗塞和腦出血。上杉謙信的死因就是腦出血，池田輝政則是腦中風。武士常患有高血壓（腦梗塞和腦出血主要原因之一），但因為經常需要喝酒，加上當時沒有減鹽觀念，食物的調味大多過鹹，很容易罹患中風。

除了癌症、腦梗塞、腦出血以外，還有天花、結核病、梅毒等疾病。伊達政宗和豐臣秀吉小時候就罹患天花，雖然不致死，伊達政宗卻因此失去了右眼。此外，不少人苦於梅毒這種流行病，據說德川家康的兒子結城秀康就因梅毒失去鼻子。加藤清正、黑田官兵衛、前田利長、淺野幸長也罹患梅毒。中級以下武士的病況幾乎沒有文獻記載，但一般認為他們也都患有同樣的疾病。

家臣的疾病

戰亂時代很多人都是病死的

戰國時代的武士大多都是在戰爭中殞落，但也有不少人在尚未達成心願前，就因病魔纏身而死。

醫生是珍貴的存在

戰國時期醫學不發達，醫生人數相當少。此外，當時學習的醫學不是西洋醫學，而是源自於中國的醫學。因此，都是開中藥的處方。

主要的疾病

中風

因為血液無法流入大腦，導致大腦神經細胞壞死的疾病。是因為高鹽分飲食習慣造成的。

癌症

癌症是戰國時代最常見的死因之一。

梅毒

當時沒有治療方法，從感染到死亡會經過10年以上的時間。

Column

戰國時代的武士為什麼這麼重鹹？

武士為什麼這麼重鹹呢？戰國時代又稱為小冰河期，地球的平均氣溫較現代低。低氣溫很難維持體溫，所以人類會攝取鹽分來幫助維持體溫。此外，武士平時鍛鍊身體時會大量流汗，這也是促使他們攝取鹽分的原因。

病由心生？
以祈禱治療疾病的方法

| 符合的人 ▷ | 家老 | 一門眾 | 側近 | 役方 | 其他 | | 符合的時代 ▷ | 戰國初期 | 戰國中期 | 戰國後期 | 安土桃山 | 江戶初期 |

治病方法包括祈禱、泡湯、中藥、南蠻醫術等

從戰國時代甚至更早以前，祈禱都是應對疾病的方法之一。除了僧侶和山伏之外，神道的神官和陰陽師也會進行祈禱，藉此驅除疾病和災禍。

當時缺乏與疾病相關的知識，在傳染病大流行時，普遍會認為是上天對惡政發怒，並舉行大規模的祈禱儀式，例如：召集僧侶在大型寺廟誦經，或在各地的神社進行祓除儀式等。傳染病以外的疾病，也會將原因歸咎於冤魂作祟。當時的人還不知道所謂的安慰劑效應，即因想法改善症狀。但俗話說「病由心生」，或許真的有人藉由祈禱，穩定了身心。

除了祈禱外，有些人會進行泡在溫泉裡的「湯治」。如果在戰爭時受到刀傷，武將就會前往溫泉，泡在熱水中治療傷口。戰國大名會進行湯治的地點，包括武田信玄的下部溫泉、豐臣秀吉的有馬溫泉、據說由真田家獨占的別所溫泉，以及島津義弘的吉田溫泉等。

此外，名為「金瘡醫」的醫生，會專門處理刀劍、長槍、弓箭、槍械造成的傷口，也就是現今的外科醫生。武家出身的金瘡醫逐漸增加，成為室町幕府和戰國大名聘僱的醫生。

醫學界中，還有喜歡從中國傳來的中藥材、名為「後世派」的流派。此流派的開山祖師是前往明朝學習醫學的田代三喜。在田代三喜底下學習的曲直瀨道三受到足利將軍家、豐臣秀吉、德川家康等人的重用。

不僅如此，還有歐洲式的南蠻外科，擁有中國和日本醫術中沒有的傷口縫合技術。因為當時沒有麻醉藥，在手術的過程中只能忍耐疼痛。

家臣的治療

疾病的治療法大多依賴神明

戰國時代的醫學並不發達。人們認為生病的原因是上天發怒，所以覺得祈禱能夠治病。

祈禱（神道）
神道認為語言蘊含著力量，神職人員會舉行誦唸祈禱詞的儀式。

祈禱（佛教）
一邊敲著法器唸佛經，一邊焚燒符紙。祈禱的方式會根據宗派而不同。

溫泉
自古以來就已經知道溫泉有治療傷口的作用。歷史資料中，有許多關於戰國時代傷兵泡溫泉的紀錄。

Column

治療傷口時多少都要有點知識？

戰爭時會帶著名為「金瘡醫」的軍醫同行，他們會讓負傷的士兵聞嗅鹽，並幫他們止血。不過，也有不少人會進行錯誤的治療，例如：將人類的糞便和尿液抹在傷口上等。

公家在戰國時代
過著極度貧窮的生活

靠打工勉強餬口的公家

　　戰國時代是從應仁之亂的星火蔓延到地方上開始的。公家（朝臣）在這之前一直擁有自己的莊園（領地），靠人民繳納的貢米生活。不過，隨著地方的國眾和戰國大名的力量愈來愈強悍，莊園遭到侵占，公家愈來愈窮困。京都在應仁之亂後陷入絕境，大部分城鎮的重建工作停滯不前，甚至無力支付天皇家皇居外牆倒塌的修繕費。因此，公家決定販售自己的學識。與武士相比，公家在學問和文化方面的知識更加淵博。公家只能靠教授古典文化、和歌、書法等，也就是成為所謂的私塾講師，才能勉強餬口。據說，這一策略讓他們的生活有所改善。

第三章

處世的法則

在戰國時代，即使是像豐臣秀吉一樣原本是身分低微的人，也可以利用自己的能力，成為擁有權力和城堡的大名。本章將重點放在當時的流浪武士和家臣上，探究他們任官的方法以及出人頭地的處世之道。

就讀日本最古老的學校 「足利大學」有利於就職

符合的人 ▷	家老	一門眾	側近	役方	**其他**	符合的 時代 ▷	**戰國 初期**	**戰國 中期**	**戰國 後期**	安土 桃山	江戶 初期

錄取新家臣時 所重視的事項

無論是在內政、外交、軍事等各方面，人才都可以說是管理領國的首要助力。隨著領土擴大，原本的家臣團無法填補所有的職位時，就必須向外徵招人才。

跟現今公司要求應徵者提供履歷一樣，由於要聘請不認識的人才來家族，大名會在招聘時提出幾項條件。詳細內容由大名決定，但足利學校出身的人才通常較受歡迎。

足利學校作為日本最古老的學校而為人所知。創立原由眾說紛紜，有人認為是由奈良時代下野國的國學（律令制下的地方教育機構）搬遷而成，也有人認為是由平安時代的公卿小野篁設立的。可以確定有歷史記載的是，到了室町幕府中期，由關東管領上杉憲實復興後，有明確的歷史紀錄。

在室町幕府後期，足利學校的學生數高達3000人，繁榮到連來到日本擔任天主教傳教士的聖方濟‧沙勿略都讚其為「日本最大、最有名的坂東（關東地區）大學」。足利學校除了教育的核心儒學外，還教授易學、兵學、醫學等實踐方面的學問。在戰國武將的眼力，這無疑是一種即戰力。

戰國時期，感謝狀經常被視為是戰功的證明。感謝狀是上位者讚揚下屬功勞時所贈送的親筆文書，是下位者展示過去成果的證物。

此外，擁有一技之長以及來自勇猛家族的人也會受到優待。總之，面試一次就採用的例子並不多，基本上都要有保證人，或是暫時採用，先試用看看適不適合。這麼做的原因，除了防止背叛，也是為了讓新人得到家族的認可。

武士的經歷

無論古今中外，有能者都會受到重視

就如同「人即石壘」這句名言，武田信玄非常重視人才，據說還會給予足利學校畢業者更好的待遇。

有利於錄取的優勢

畢業於足利學校
畢業於足利學校的學歷是出人頭地的捷徑。傳聞，武田信玄也曾表示：「只能相信畢業於足利學校的人。」

戰國FILE

足利學校重視的易學

一般人對軍師的印象是向大名提供戰爭策略，但軍師的工作原本是推測交戰日，以及架設陣地的方位等。因此據傳，足利學校才會重視從中國傳入的易學，也就是用來預測事物吉凶的學問。

擁有一技之長
大名會徵求有能力的人才，因此想做官的人非常注重武藝，會學習兵法及文化素養。

感謝狀的多寡
在之前侍奉的家族立下戰功而獲得的感謝狀，是證明自身擁有即戰力的有效證據。

元服儀式
是要動員許多家臣的一大盛事

符合的人 ▷	家老	一門眾	側近	役方	其他

符合的時代 ▷	戰國初期	戰國中期	戰國後期	安土桃山	江戶初期

🍙 出生在武家的男性 一定會經歷的人生大事

「元服」即男性成年禮，是奈良時代就有的儀式。「服」指冠冕，古時稱「頭首」。在武家，元服與家主繼承有關，尤其受到重視。室町時代的幕府規定了元服的禮儀之道，並從這時開始以烏帽子代替冠冕。

元服儀式中有6個負責不同任務的角色，分別是加冠役、理髮役、烏帽子役、泔坏役、打亂箱役、鏡台並鏡役。其中最重要的是加冠役，又稱為烏帽子親，通常由與主角關係親密者來擔任。從名稱就能知道這6者的任務：加冠役是指為孩子戴烏帽子的人；理髮役是剪掉綁起的頭髮並包入紙中的人；烏帽子役是手持烏帽子的人，由理髮役兼任；泔坏役是操作泔坏（濾出整髮用掏米水的器具）的人；

打亂箱役是拿著打亂箱（用來收納剪下的頭髮）的人；鏡台並鏡役是處理鏡台（梳妝臺）事宜的人。

一門眾和家臣的兒子在舉行元服儀式時會得到正式的名字，不再稱呼乳名。這個名字稱為「諱」（本名）。在確立規矩的室町時代，也有主君會給予受加冕者自己的偏諱（一字拜領）。偏諱即在二字名中選擇不是「通字」者。通字是指家族傳下的字，以足利將軍家為例，「義」、「氏」即所謂的通字。授予偏諱代表了當事者雙方的主從關係，所以禁止授予陪臣（家臣的家臣）偏諱。不過，戰國時代出現不少將君主授予的偏諱給予下屬的例子。隨著社會風氣愈來愈重視身價，逐漸打破過去不成文的規定。

此外，對家臣的兒子來說，君主負責加冠役並給予名字，對將來出人頭地會有很大的幫助。

元服儀式

現今的日本皇族也會舉行元服儀式

元服是男性的成年禮。現在幾乎不會看到有人舉行，但在日本皇室中，以「成年禮、加冕儀式」的名義延續至今。

戰國FILE

因人而異的成年禮

現今日本法律規定，成年的年齡為18歲，但在戰國時期，成年的年齡因人而異。舉例來說，快的話，像是伊達政宗僅1歲就舉辦元服禮；相對的，真田信繁（幸村）是19歲才舉行元服禮，比平均年齡還要晚。

祝賀禮

元服禮時贈予主角的賀禮。元服禮結束後，會在一門眾和家老眾的參與下進行式三獻，並擺設慶祝的酒宴。

加冠役

由與元服主角關係最親密的人來進行。有些人是由父親來執行，如果是家臣的兒子舉行元服禮，有時也會由大名親自擔任這一角色。

當時在舉行武家兒子的元服禮時，除了加冠役，還有理髮役、烏帽子役等許多人一起參與。

家臣為了復職，會擅自出戰

自我推薦是在亂世生存的訣竅

如果可以一輩子侍奉能夠託付自身願望的主君，那將會是一件非常幸運的事。不過，這在戰國時代並不容易。被視為是群雄之一的有力武將，隨時會在一夜間失去權力，有時甚至會直接喪命。在這樣的情況下，失去主君的家臣也會流落街頭。另一方面，有些人是主從關係惡化而分道揚鑣，或是做出某些失態的行為，而遭到解雇。還有不少人選擇到處流浪（浪人）以期侍奉條件更好、能夠看到自身價值的主君。

亂世不缺可以工作的地方。不過，若是選擇錯誤，遲早會重蹈覆轍。首先，最重要的是找到適合自己工作的地方。一旦找到值得侍奉的大名或武將，就藉由提高戰功來推銷自己。如先前介紹，如果是畢業於足利學校，或是在著名武將的陣營工作，並擁有好幾張感謝狀的人，對方很快就能決定要不要錄取；相反地，若是沒有值得推銷的特點，就必須在戰場上立功。因此浪人會「借陣」（自願參軍），強行建立功勞。借陣是指，非正規軍的人上戰場參與戰爭。因為不是正規軍，即使立下戰功，大多也不會獲得報酬。不過有望受到武將的關注，獲得侍君的機會。

當然，戰國時代並不是一個情報能夠輕易擴散或傳播的時代。因此，有時大名家族會為了挖角，發送書信給著名人士，或是浪人借助某些管道自我推薦。例如：明智光秀的家臣、在本能寺之變中立下大功的安田國繼，在事件發生後輾轉於多個大名家族，但最後是依靠年輕時交情深厚的寺澤廣高，獲得8000石的領地。

牢人的再就職法

關原之戰後人數遽增的牢人

關原之戰結束後，戰敗的西軍將領因身分被貶失去領地，許多牢人都試圖東山再起。

借陣

為了得到大名的關注而舞槍。因不是正規軍，在戰爭期間和戰後都不會得到獎賞。

著名的借陣　證據

前田利家的借陣

前田利家原本隸屬於織田信長的直屬部隊赤母衣眾，但他不慎在織田信長面前殺死藝能組織同朋眾的一員。儘管免於死刑，卻遭到放逐，成為浪人。前田利家想方設法地試圖回去侍奉織田信長，首先，他借桶狹間之戰取下3個首級，但並未獲得首肯，於是他在與美濃齋藤家交戰時，拿下包括敵軍猛將在內的2個首級，終於得到允許，可以回到織田家。從那之後他出人頭地，成為眾所周知的加賀百萬石大名。

取得聯繫

人際關係的力量在戰國時代也非常強大。據說，如果在本國或他國有熟人，有時也會受到委託，成為中間人。

錄用

大名有時會誠摯地發信，邀請知名人士或有能力的浪人。

符合的人 ▷	家老	一門眾	側近	役方	**其他**	符合的時代 ▷	戰國初期	戰國中期	戰國後期	安土桃山	**江戶初期**

以祖先的戰功和借據 作為就職時的履歷

戰國時代的家臣有時會因為侍奉的大名，被迫成為牢人。尤其是在接近江戶時代的時候，有些家臣因為大名領地遭到沒收或是遷移而被解雇。

不過，即便是在這樣的時代，<u>也有些大名會盡力避免讓家臣成為牢人。</u>

關原之戰後，上杉家的的領地縮減到原本的四分之一，毛利家則是縮減到原本的三分之一，但據說他們的家臣並沒有因為領地減少而丟掉工作。不過，在其他家族成為牢人的家臣，就要像前面所介紹的那樣，必須拿出學歷和感謝狀來推銷自己。

這麼說來，沒有像樣履歷的人，難道就要一直苦於找工作、作為浪人度過餘生嗎？

事實上，很多牢人因為無法順利再次就職，而從公眾的眼裡消失。在這樣的情況下，族譜成為宣傳自己的重點之一。

有人或許會說「<u>出生的血統與自身的能力無關</u>」，但對大名和武將來說，血統是構成勢力基本盤的核心，儘管不如個人的戰功，也會當作評價基準。

從這個角度來看，<u>可以說是一族戰功證明的族譜，對尋求官職的人來說，與履歷是相同的意思。</u>

戰國時代末期，有許多勢力臣服於成為掌控天下之人的豐臣秀吉或德川家康，隨著牢人的人數不斷地增加，工作機會的數量逐漸減少。換言之，這是一個就業困難的時代。

因此，有些人為了找到工作，會無所不用其極地找出可以作為個人魅力的證據。除了族譜之外，也有人會帶著祖先立的字據去尋求官職。

牢人的求職工具

族譜、金錢、字據⋯⋯為了找到工作什麼都利用！

安土桃山時代出現了許多牢人，其中有不少人試圖利用各種方法東山再起。

再就職時可以利用的物品

族譜
族譜不僅用來表示自己的血統和出身，也是證明自身家族留下何種功績的證據。

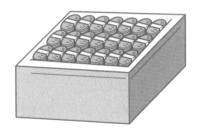

金錢
據說，有些牢人甚至會向有工作的熟人借錢，試圖讓大名給予自己一官半職。

字據
好幾代前的祖先與有權勢的人交換的書信等字據，能夠證明自己來自歷史悠久的血統。

Column

「奉公構」比死還讓人痛苦？

對於有謀反的嫌疑而被趕出家族的人，原本的主君可能會施以「奉公構」的刑罰。奉公構是指，原本的主君要求他國大名拒絕受刑人仕途的行為。池田家與黑田家關係險惡，侍奉黑田長政的後藤又兵衛卻與池田家私通，在下禁止令後，仍然沒有斷絕關係，被懷疑有謀反的嫌疑而逃走。本來想去池田家，結果卻遭到奉公構的刑罰。

許多武士
在戰國末期成為啃老族

符合的人 ▷	家老	一門眾	側近	役方	**其他**

符合的 時代 ▷	戰國 初期	戰國 中期	戰國 後期	安土 桃山	江戶 初期

亂世是賣方市場，太平盛世卻就業困難

古時候的日本，將失去居所和工作、到處流浪的人稱為浪人。這時，與其原本的身分無關，只是律令制下的逃亡者。

浪人和牢人的意思幾乎相同，不過從主從關係明確的戰國時代以後，牢人一詞便特指那些沒有侍奉主君的武士。到了終結亂世的江戶時代，牢人的數量急遽增加。從這時起，浪人也用來指那些為了尋得官職、在各國流浪的牢人。

戰國時代可以說是急需人才的時代，對於有實際的成就和才能的人來說，完全就是賣方市場。即使是沒有太大的戰功、極為普通的牢人，如果目的是做官，無論如何都能夠混進某個陣營。

然而，在戰亂的時代走到末期後，除了工作機會減少，人才需求也轉變為重視內政。無法避免地，整個社會充斥著許多苦於求職的牢人（浪人）。在這些牢人中，有些人會想方設法地餬口維生，例如：經營私塾等；有些人則是為了籌吃飯錢，到處向親戚乞討。此外，出生於農家的足輕中，也有人決定回去種田。

關原之戰過後，許多大名被貶為平民，導致出現大量牢人。這些牢人在失去工作地點後，無可奈何地淪為打工族或啃老族。

在最後一場大型戰役——大坂之陣爆發時，就有10萬牢人聚集在大坂城，加入豐臣方。不過，聚集而來的人，除了有許多是原本侍奉有力大名的重臣外，幾乎都是貪圖錢財而參戰的人。據悉，與實力堅強的德川軍有著天壤之別。

牢人賺取生活費

忍受恥辱生存的浪人

牢人會販售自己的文化修養，或是利用關係乞討。其中也有人半途而廢，選擇回家種田。

牢人的謀生之道

經營私塾

在識字率普遍不高的武士中，也有人具有文化素養，能夠開私塾維生。長宗我部盛親就是這樣的處境。

乞討

日本將與熟人或親戚借錢的乞討行為，稱為「無心」。真田昌幸在關原之戰中參加西軍，其嫡子真田信之加入東軍，所以領地沒有遭到沒收。據說真田昌幸就這樣以乞討維生。

製作紙傘

江戶時代由下級武士負責製作紙傘，其實在戰國時代就有人靠製作紙傘勉強餬口。

回鄉務農

據說也有人在找不到工作下，半途而廢回家種田。

| 符合的人 ▶ | 家老 | 一門眾 | 側近 | 役方 | 其他 | 符合的
時代 ▶ | 戰國
初期 | 戰國
中期 | 戰國
後期 | 安土
桃山 | 江戶
初期 |

福島正則因為喝酒賭博
輸掉關白賜予的名槍

戰國時代的習慣是，家臣圍坐在酒席上輪流喝一杯酒，一滴不剩地乾杯是不可取的行為。不過，喝剩的量如果不多不少，也會被認為是無禮的人。有禮貌的人，要喝到剩下一滴，並用剩下的一滴擦拭杯口。在勝利後的慶功酒宴，有時候會想要盡情地喝酒，但至少得注意最低限度的禮節。

說到酒席，傳唱至今的福岡民謠〈黑田節〉其實是根據一則軼事改編。

黑田長政是豐臣秀吉的軍師黑田官兵衛的嫡子，同樣是出名的勇將。他派家臣母里太兵衛去找至交福島正則。福島正則在豐臣政權下立下許多功勞，是有名的酒鬼。問題是母里太兵衛的酒量也是著名的好。為避免發生問題，黑田長政事前就先叮囑母里太兵衛不准接福島正則的酒杯。不過，喝得爛醉的福島正則卻不斷勸酒，最後他抓住一直推辭的母里太兵衛，挑釁地表示：「你連這點酒都喝不了嗎？」甚至拿出大酒杯說：「你只要喝完這杯，就可以隨便提出想要的獎勵。」於是，母里太兵衛接下酒杯，爽快地乾杯，並得到名槍「日本號」。「日本號」是福島正則在小田原之戰大露風采，由關白豐臣秀吉賜予的天下名品。隔天，福島正則急忙地要求歸還，但母里太兵衛沒有答應。

在戰國時代，家臣的生活和酒密不可分，有許多愛酒人士，真田信繁（幸村）就是其中一位。真田信繁（幸村）的家臣河原左京在其被流放於高野山上時，收到真田信繁的書信，表示想喝喜歡的燒酒，信中還特意囑咐，要將酒桶封好，避免酒從上面紙張的隙縫溢出。

酒宴的禮儀

冒著生命危險參加酒宴的家臣

戰國時代的酒宴類似現今日本的「酒精霸凌」，不能不喝酒，很會喝酒的人則會得到稱讚。

不能不喝酒

在戰國時代，絕對不可能會有不能喝酒的人。拒絕對方的勸酒是一種失禮的行為。

Column

夢幻之酒「江川酒」

「江川酒」是在古籍《吾妻鏡》中也有記載的一種名酒。產自伊豆，大多都在關東地區販售。是拿來當作禮物奉獻給大名的寶貝。在江戶時代也曾上市過，但隨著治安的改善，地方也開始產出清酒，江川酒便逐漸從歷史中銷聲匿跡。

按順序喝酒

喝10杯酒

這是在宴席上出現的活動。遊戲規則是，大約10個人圍成一圈，第1個人接下酒杯喝掉10杯酒後，將杯子傳給下一個人。在喝酒的時候，邊喝邊說話、配下酒菜、擦嘴都屬於犯規行為，違反規則就會受到罰酒的懲罰。

可以用金錢跟朝廷購買官職

符合的人 ▷	家老	一門眾	側近	役方	其他

符合的時代 ▷	戰國初期	戰國中期	戰國後期	安土桃山	江戶初期

能夠隨意用金錢買一些有名無實的官職

戰國時代出現一種現象,所有武將都會自稱自己為律令制下的某個官職。其中,國司一職尤其受到眾人的歡迎。

朝廷派遣的國司原本是作為行政長官,全權掌握負責區域的職位。不過,在鎌倉幕府將守護分配到各地後,權力逐漸轉移到守護手中。隨著守護大名的力量增強,國司逐漸喪失實權,最後僅空有名譽。

因此,儘管自稱是相當於長官的「守」,或是相當於副官的「介」,實際上卻成了沒有去過當地、徒有虛名的職稱。

舉例來說,有人稱為筑前守,卻從未踏足筑前,也沒有享有與筑前有關的權利,這種情況愈來愈普遍。

不過,這種有名無實的官職,也產生了新的利用價值。

部分戰國大名為了提高身價,會擅自使用國司之名,抱持著「總之先說先贏」的心態。而且在室町幕府的統治力衰退後,利用下克上得勢的新興勢力中,有愈來愈多人會向朝廷捐獻金錢,跨過幕府得到官位。

即便是在戰國時代,僅憑實力仍不足以嶄露頭角,還是需要頭銜。從體現出統治領國的正當性和優勢的角度來看,「～守」、「～介」這種官職名能發揮出良好的效果。

武家政權誕生後,朝廷的權威逐漸下降,財政也隨之變得緊張。有許多人藉由捐贈金錢來獲得官位,其中還有人冒充大名的身分。

順帶一提,大名的家臣中,甚至會出現好幾位家臣自稱是同一個職位的情況。

敘任

朝廷連天皇的喪葬費都負擔不起

天皇和公家在大名得勢後，失去原有的莊園，因此愈來愈貧困。

官位的結構

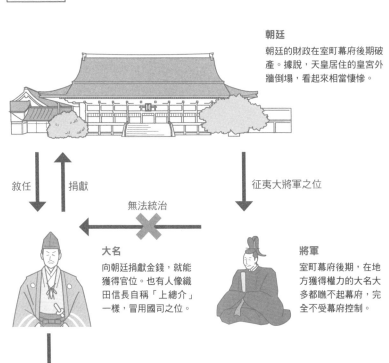

朝廷
朝廷的財政在室町幕府後期破產。據說，天皇居住的皇宮外牆倒塌，看起來相當悽慘。

敘任　捐獻

無法統治

征夷大將軍之位

大名
向朝廷捐獻金錢，就能獲得官位。也有人像織田信長自稱「上總介」一樣，冒用國司之位。

將軍
室町幕府後期，在地方獲得權力的大名大多都瞧不起幕府，完全不受幕府控制。

給予官位

家臣
家臣在獲得戰功或功績後，大名有時會允許他們自稱「～守」、「～介」等。

官位的種類

宮司	長官	次官	判官	主典
太政官	大臣	納言、參議	納言、弁	外記、史
省	卿	輔	丞	錄
職	大夫	亮	進	屬
寮	頭	助	允	屬
國司	守	介	掾	目
彈正台	尹	弼	忠	疏
兵衛、衛門府	督	佐	尉	志

戰國時期的官位種類。大名會授予「丹波守」、「筑前守」等職位。

153

處事的法則 其八

文治派家臣討厭武鬥派家臣

符合的人 ▷ | 家老 | 一門眾 | 側近 | 役方 | **其他**

符合的時代 ▷ | 戰國初期 | 戰國中期 | **戰國後期** | 安土桃山 | 江戶初期

沒有武人無法打贏戰爭，沒有官吏無法治國

　　槍械傳入日本後，改變了亂世的模樣。織田信長率領一批軍隊拿著進口的新兵器，在戰場上大放異彩，技術革新的浪潮瞬間席捲全國。無論是在軍事還是內政，都是由早一步進行技術革新的勢力稱霸。稍微機靈一點的人，都會發覺到這一事實。因此，如果在當時積極採用數量有限的技術人員，之後成功的機會就會愈大。結果，不僅是在武器等軍事上的發明，各種技術也跟著進步、發展。

　　新技術包括築城在內的土木建築技術、開採礦山、鑄造貨幣等。加藤清正以擊退老虎聞名，但他同時也是有名的築城高手，他曾參與建造名城熊本城。建築的設計圖並不是由加藤清正繪製，他偉大的地方在於，將建築技術視為戰國時代的必要技術，並召集一群專家加入他的家臣團。加藤清正加上藤堂高虎、黑田官兵衛被稱為是三大築城名人，不過其他2人也是相同的情況。

　　因此，戰國大名開始採用擁有特殊技能的家臣。不過在群雄割據時代結束後，過去在領國經營上沒有價值、精通經濟或外交等類型的家臣興起，並受到大名禮遇。

　　在這種情況下，那些冒著生命危險在戰場上闖蕩的武士當然會感到不平衡。官吏與武士之間經常發生衝突。最終在豐臣秀吉死後，文治派和武鬥派之間的對立為關原之戰埋下伏筆。德川家康看著天下統一後的樣子，比任何人都清楚官吏的重要性，卻以一個再純粹不過的武人身分度過亂世，他沒有放過這兩方之間產生的裂痕，將豐臣政權引導至瓦解的結局。

派系鬥爭

文治派在戰國時代後期受到重視

隨著豐臣秀吉統一天下，社會治安逐漸穩定後，家臣開始分為文治派和武鬥派，雙方頻頻起內鬨。

豐臣政權的派系鬥爭

文治派

此派系成員主要是在內政方面發揮長才的家臣。進入安土桃山時代後戰爭銳減，這些文治派開始嶄露頭角。

武鬥派

此派系成員是在戰爭中善於舞動長槍和搶奪戰功的家臣。在進入重視內政的時代後，這些人逐漸遭到疏遠。

受派系鬥爭影響的「關原之戰」

◎ 文治派		武鬥派
西軍		東軍
・石田三成		・加藤清正
・增田長盛	VS	・福島正則
・長束正家		・黑田長政
・前田玄以		・細川忠興
⋮		⋮

關原之戰是由豐臣政權中的文治派帶領的西軍，以及由武鬥派組成的東軍展開的戰爭。在此之前的1599年，還發生加藤清正、細川忠興等武鬥派襲擊石田三成，逼迫其隱居的事件，此即「七將襲擊事件」。

家臣會從主君或同僚的名字中獲得一字

符合的人 ▷	家老	一門眾	側近	役方	其他

符合的時代 ▷	戰國初期	戰國中期	戰國後期	安土桃山	江戶初期

為了出人頭地改姓？改姓後會出人頭地嗎？

戰國武將出生後獲得的第1個名字是乳名。舉行代表成年的元服儀式後，會得到諱（本名）。諱是指忌諱的名字，一般會避免稱呼他人的諱。平常會用通稱（假名）來稱呼。以真田信繁（幸村）為例，其通稱為源次郎、左衛門佐。諱在舉行元服儀式等的時候，可能會因為上位者授予偏諱而改變。

此外，戰國武將的名字主要是由「氏、姓、名字、通稱、諱」構成。氏帶有「源平藤橘」的概念，分別是源氏、平氏、藤原氏、橘氏；姓是朝廷賜予的8種姓（八色姓），表示當事人的身分；名字與明智、真田相似，其後是上述介紹的通稱和諱。據說，獲得官職的武將也會用職稱來稱呼。

在下克上的社會中，一部分家臣只要有機會就會試圖取代權力者。大名為此想了一個對策，在名字中納入歷史悠久的源平藤橘概念，作為權威的象徵。舉例來說，德川家康原本姓松平，後改為與清和天皇的祖先清河源氏有關的德川。

另外，對家臣來說，改名也是避免在家臣中樹敵的方法之一。

豐臣秀吉在作為織田信長的家臣時，因其功績顯赫而出人頭地，最後還得到近江的長濱城。但是看到他如此大放異彩，丹羽長秀和柴田勝家等織田家重臣並不覺得開心。而且織田家中有許多嫉妒豐臣秀吉出人頭地的人，於是豐臣秀吉從丹羽長秀和柴田勝家的姓氏中各取一字，自稱羽柴秀吉，以此對織田家的家臣團表示關心，並在織田信長死後，掌握實權，統一天下。

<table><tr><td>名字的變遷</td></tr></table>

武士會在人生的每個階段改名

當時的武士在元服、獲得官職和出家時都會改名，而且每個名字都有其代表的含意。

幼年期
出生時取的名字，如「次郎」、「三郎」等。

元服時
開始自稱諱。隨意稱呼他人的諱，是對本人極其失禮的事情。

獲得官位
朝廷賜予官職後，頭銜會被當作名字的一部分。例如：「上總介」、「丹波守」等。

出家時
出家後有時會取一個法名。武田信玄的「信玄」和上杉謙信的「謙信」皆屬於法名。

名字的種類

① 氏
用以表示血緣，有源平藤橘（源氏、平氏、藤原氏、橘氏）等。

② 姓
又稱為「八色姓」，用來表示身分。由天武天皇制定的「真人、朝臣、宿禰、忌寸、道師、臣、連、稻置」組成。

③ 名字
先祖代代相傳的名字，與治理的土地有關。

④ 通稱
元服後取的名字，一般都是叫通稱。以真田信繁（幸村）為例，通稱是「源次郎」。

⑤ 諱
元服後取的名字，會從父親那裡得到一字。如果是家臣的孩子，有時大名會授予一字。

Column

從元服時取的名字，就能確定下任家主

武田信玄的繼承人是武田勝賴，但從血統上來看，武田義信才是真正的繼承人。當時武田勝賴受到武田信玄的寵愛，因此旁人很擔心兩人之間會發生繼承人之爭。在如此惶惶不安的日子下，迎來武田勝賴的元服禮，結果武田信玄沒有將「信」字給予武田勝賴，正式確定武田義信才是繼承人。然而武田義信被懷疑有背叛的嫌疑，繼廢嫡後，又發生自殺事件（義信事件），最後由武田勝賴成為繼承人。

| 符合的人 ▷ | 家老 | 一門眾 | 側近 | 役方 | 其他 |

| 符合的
時代 ▷ | 戰國
初期 | 戰國
中期 | 戰國
後期 | 安土
桃山 | 江戶
初期 |

成為武田家的家臣後，不能拒絕勸酒？

戰國時代的武士是以公家的禮法為標準。儘管如此，由於武家社會和公家社會的差異太大，禮法無法普及。

室町幕府將針對弓術、馬術、各種禮法的小笠原流流派，定為武家社會的規範，但最後隨著幕府權力的衰退而廢止。

經過這一過程，戰國大名制定自己的禮法，而非使用幕府的官制禮法。

戰國大名所制定的禮法即所謂的「分國法」。分國是以一個國家為單位，意思是各大名的領地。分國法中制定了基本的禮法，當時的共同點是，尊重武士的面子。

甲斐武田氏的《甲陽軍鑑》雖然是軍事學書，但也用了大量的篇幅介紹禮法。如先前所介紹的，當有人為自己倒酒時，就算不喜歡對方，也都必須喝個幾杯，一旦拒絕，之後就算想喝也不能喝（詳細內容請參考P150），這是收錄在軍事學書中的內容。同樣在《甲陽軍鑑》中也有記載，走路時看到騎馬的人要躲在暗處，不要讓對方為了打招呼特地下馬。正是因為有這樣的規則，武田家的家臣團才會如此團結。

在領地內，最應該受到尊重的是主君的面子。在北條早雲制定的後北條家訓《早雲寺殿廿一箇條》中，有一條規則是，當家臣聽到主君叫喚時，無論人在哪裡都要回答「啊」，並跑到主君身邊。足利將軍家家臣留下的《宗五大草紙》一書中也寫到，在主君面前不能蹺腳或是挽袖，此外還有嚴禁談笑的內容等等。

從現代的角度來看，武家社會的禮法有點類似體育系的感覺。

禮法

武士必須謹慎有禮地生活

進入江戶時代，平民才開始學習禮儀；而在戰國時代，只有具一定身分地位的人，才擁有禮儀修養。

擷取自《甲陽軍鑑》

當他人坐在席子上面時，如果踢到對方的腰刀，應雙手著地，道歉3次。被道歉的人應該揮手表示「不要再犯」並予以原諒。

騎馬的人遇到走路的人時，必須下馬打招呼，而走路的人必須牽著馬。如果在路上遇到騎馬的人，要快點躲到陰暗處，不要讓對方為了打招呼下馬。

擷取自《早雲寺殿廿一箇條》

當主君叫喚時，無論離得多遠，都要回答「啊」，並快速跑到主君身旁；足輕的話，則要回答「吶」。

在走廊遇到上位者，必須擦肩而過時，必須彎腰安靜地走過去。

處事的法則 其十一

十字形的切口
是優雅的切腹方法

符合的人 ▷	家老	一門眾	側近	役方	其他

符合的時代 ▷	戰國初期	戰國中期	戰國後期	安土桃山	江戶初期

要達到武士的美學，就必須切成十字形

刀子從左下腹部向右，接著刺向心口，一口氣往下切，這就是戰國時代最理想的切腹方式──十文字切。

進入江戶時代後，切腹更像是懲罰；不過在戰國時代，切腹被視為是留給敗者名譽的一種死法。在武士的心目中，戰死沙場是最完美的死亡，切腹則是次之。在混亂的戰場上，為了避免被抓到、導致首級落在敵人手中，還經常出現切腹並命部下將自己的頭藏起來的情形。

在切腹對武士來說是光榮死亡的時代背景中，有一則關於備中高松城主清水宗治切腹時的軼事。豐臣秀吉在征伐中國、準備以水攻攻擊高松城時，作為談和條件，要求對方奉上城主清水宗治的首級。清水宗治答應豐

臣秀吉，接著划船到圍住城堡的水裡，在船上跳一支舞，吟詠了辭世詩句後，就乾脆地切腹自殺了。豐臣秀吉對此讚不絕口，此後切腹成為展現出武士美學的行為。在賤岳之戰敗給豐臣秀吉的柴田勝家，也完美地切了十文字切，有一則軼事還表示他從切口中拉出自己的腸子。

十文字切固然是理想的切腹方式，不過想必過程中會伴隨著劇烈的疼痛，而且如果中途痛到停手，又會成為一種恥辱。因此，一般都是採取橫向切一刀的一文字切。

此外，德川家康的一門眾結城秀康在關原之戰後病倒，年僅34歲即英年早逝。由於結城秀康既有才幹又頗負聲望，其家臣永見長次和土屋昌春隨後切腹殉死。之後又陸續有家臣跟著主君殉死，所以德川家康和德川秀忠父子便發布了禁止殉死的禁令。

切腹的方法

武士用各種切腹方法了結生命

切腹分成幾種方式，其中也有流傳到後世的漂亮切腹法。

家臣的就職活動

出人頭地

戰國時代的禮儀

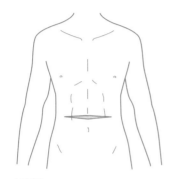

一文字切

如「一」字一樣橫向切開。是切開包覆腹部臟器的切法，也是最常見的切腹法。

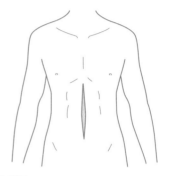

南部切

縱向切一條線的方法。從心口附近一口氣切到肚臍下方。有些人也會站著進行，所以又稱為「站切」。

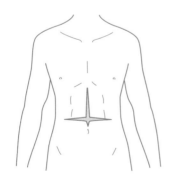

十文字切

從左邊側腹切到右邊側腹後，再從心口切到肚臍下，像是描繪「十」字的切法。被視為是最理想的切腹方法。

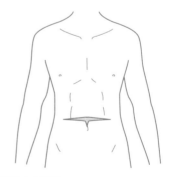

變形十文字切

從左邊側腹切到右邊側腹後，匕首直接回到中間，往下切到肚臍附近的切法。

與上位者說話時，避免對視才符合禮儀

在主君面前時，要低頭看著左袖

江戶時代是以武士為首的封建社會，即便同為武士階層，也有嚴格的上下階級意識。身分低的人不會輕易見到上位者；就算見到了，也不能隨意交談。

舉一個極端的例子，由於一般人不能直接與將軍對話，特意安排了專門傳話的側用人，結果反而成為幕府混亂的原因。

相較之下，戰國時期就沒有如此嚴格的階級意識。在不知道何時會在戰場上殞命、不曉得明天會發生什麼事的日子裡，主從之間就如同命運共同體般，甚至還會產生如同一家人般的氛圍。

當然，主從之間還是有嚴謹的上下關係，但有時君臣會圍成一圈進行決策，家臣甚至會指出主君的過失，或是提出反對的意見。

話雖如此，平時還是必須遵從相應的禮節。武士手持刀槍、每天都得以命相搏，因此總是給人粗野、暴力的印象，然而他們其實相當慎重。

以對話時的視線為例，面對他人時，盯著對方的臉看會顯得很失禮。尤其當對方是上位者時，為了避免不小心對視，要刻意將視線往下移。此外，不知道要看哪裡、坐立不安地環顧四周等行為，更是令人無法容忍。

此外，面對主君時，要低頭看著左袖，這麼做會讓人覺得這個人十分謙虛謹慎。只有在對象是同階級的人時，才可以看著對方說話。

這種禮法除了之前提到的小笠原流，還有同樣誕生於室町幕府後期的伊勢流，據說現代日本的禮儀還存有小笠原流的影子。

對話與視線

視對象與場合，改變視線方向

根據說話的對象是主君還是同階層的人，以及在什麼樣的場合等條件，改變視線方向。

正確的視線

與主君說話時

與主君說話時千萬不可對視。最好將視線稍微移開，看向主君的手臂。

與同輩說話時

與面對主君不同，在與同階級的人說話時，可以看著對方說話。

不恰當的視線

盯著對方看

在說話時一直盯著對方看是相當失禮的行為。這點在現今的日本也通用。

環顧室內

在進行決策或是主君叫喚時，環顧室內是失禮的行為，應冷靜、沉著地坐在位子上。

7度換主、善於處事的
藤堂高虎

帶著先見之明活過戰國時代

　　藤堂高虎的名言之一是「沒有換過7次主君，不要說你是武士」。如這句話所言，直到最後侍奉的主君德川秀忠，藤堂高虎已經更換了7次主君。乍看之下，或許會覺得藤堂高虎是一再地背叛主君，但他的形象其實是在原本侍奉的豐臣秀吉死後，轉向侍奉敵人德川家康時才一落千丈。不過，藤堂高虎為了成為有能力的人，不斷地在政治、戰爭指揮、築城等方面努力，並尋找可以讓他完全發揮出能力的地方。實際上，在豐臣秀吉死後，他選擇德川家康，而不是繼承者德川秀賴，也是觀察局勢後做出的判斷，而且德川家康本人也相當重用身為外樣大名的藤堂高虎。

深入明智光秀
「本能寺之變」

要說戰國時代最著名的事件，就必須提到「本能寺之變」。近年來的研究取得了進展，但仍有許多謎團。本章將以引起戰國最大背叛事件的罪魁禍首——明智光秀為中心，深入探討本能寺之變。

歷史上的大罪人過著怎樣的人生？

明智光秀的生涯

明智光秀是造成本能寺之變的罪魁禍首，其一生仍有許多未解之謎。以下就其人生和基本資料，來介紹明智光秀這個人。

佛洛伊斯眼中的明智光秀

路易士・佛洛伊斯是位葡萄牙人，在日本傳教的同時，撰寫了《日本史》一書。他筆下對明智光秀的評價是「家臣們都不太喜歡他，但因為擁有優秀的才智，而且思慮鎮密、為人狡猾，深受織田信長的喜愛。明智光秀喜歡背叛和密會，善於謀略和計謀，他曾對親近的人誇口說自己掌握了72種騙人的方法」。

光秀年表

西元年	年號	大事
1528年※1	享祿元年	生於齋藤道三的家臣明智光綱家※2。
1535年	天文4年	父親明智光綱去世，8歲的明智光秀繼承家主之位。
1556年	弘治2年	於「長良川之戰」中加入齋藤道三方，最後敗北成為牢人。
15??年	???	在朝倉家任官。
1568年	永祿11年	侍奉織田家，成為織田信長的家臣。
1571年	元龜2年	在「火燒比叡山」一役中立下戰功，得到認可，獲得近江國志賀郡5萬石，並建造了坂本城。
1575年	天正3年	受命擔任丹波地區的軍團長。
1582年	天正10年	奉織田信長之命前往中國地區支援羽柴秀吉。之後發生「本能寺之變」，與大舉回歸的豐臣軍在「山崎之戰」中爆發衝突，最終敗北。於明智薮遭遇專門狩獵落單武士的農民，享年55歲。

※1 也有人說是1516年（永正13年）。 ※2 父親的名字也有光隆、光國等說法。

明智光秀愛用的盔甲

椎實兔耳立黑塗胴具足

此盔甲的特色是頭盔上配有月亮和兔耳裝飾。也有人說這是家臣明智秀滿的盔甲。

明智家的家紋

桔梗紋

桔梗紋是過去的美濃守護土岐氏曾使用過的家紋。明智家是土岐氏的分家。

明智光秀喜歡的食物

粽子

明智光秀喜歡吃粽子。有一則軼事表示，明智光秀曾在戰爭中因為被敵軍的高喊聲嚇到，連竹葉都一起吃進肚裡。

明智光秀的特技

槍械

明智光秀是使用槍械的好手，厲害到在火繩槍的性能尚未提高時，依然能擊中45.5公尺外的標靶。

軍事學、治世術

據說，明智光秀擁有出色的政治手腕，例如：擅長指揮軍隊、拉攏難以說服的國眾成為家臣等。

糟糠之妻 ── 妻木熙子 ──

明智光秀的第1任君主齋藤道三，於長良川之戰敗給其子齋藤義龍後，明智光秀就成為了浪人。據說，明智光秀當時與京都公家關係密切，還曾邀請公家來家裡，但因為家境貧寒、難以宴客，於是他的妻子妻木熙子，剪掉並出售自己的頭髮來幫助明智光秀。

明智光秀作為天下人走過的日子

不是「三日天下」
而是「十日天下」

明智光秀發動本能寺之變後，到遭遇專門狩獵落單武士的農民這幾天，被稱為「三日天下」，但實際上這段時間比傳言的三天還要長。

明智光秀在本能寺之變（1582年6月2日）後的動向

第1天（6月2日）：擊殺在本能寺的織田信長與在二條御所的織田信忠（織田家嫡子）。本來也要前往織田信長居住的安土城，途中瀨田橋倒塌，最後返回坂本城。向周邊的大名發送請求協助的書信。

第2天（6月3日）：回到坂本城。

第3天（6月4日）：平定近江大部分的區域。

第4天（6月5日）：瀨田橋修復後，進入安土城。進攻羽柴秀吉居所——東近江的長濱城。

第5天（6月6日）：將儲藏在安土城的金銀財寶分送給家臣等人。

第6天（6月7日）：代表朝廷的吉田兼見接見明智光秀，要求他維持京都的治安。

第7天（6月8日）：回到坂本城。

第8天（6月9日）：上殿後，贈送朝廷500銀錢，給予五山和大德寺100銀錢。向有親戚關係的丹後細川幽齋、細川忠興發送要求出兵的書信。

第9天（6月10日）：為促使筒井順慶舉兵，命家臣藤田行政出兵到洞峠。

第10天（6月11日）：成功拉攏丹後一色氏。

山崎之戰當天（6月12日）：在山崎之戰落敗，遭專門狩獵落單武士的農民攻擊後死亡。

明智光秀沒能成功拉攏的有能者

筒井順慶

受到曾侍奉三好家的松永久秀猛攻，筒井順慶臣服於織田信長，而後獲得大和國。受織田信長之命成為明智光秀的與力，幫忙處理事務，但如先前所介紹的，爆發本能寺之變後，他就在旁觀望要跟隨明智光秀還是羽柴秀吉。山崎之戰後成為羽柴秀吉的家臣，於小牧長久手之戰帶病參戰，在36歲時英年早逝。

細川忠興

侍奉織田家，並迎娶明智光秀的女兒伽羅奢。為一門眾，如先前所述，在本能寺之變後，無論明智光秀怎麼催促他出兵，他都堅持拒絕。之後跟隨羽柴秀吉，在關原之戰中加入德川方。作為茶人，為利休七哲之一。

池田恆興

母親是織田信長的乳母，與織田信長是乳兄弟。他跟隨織田信長，並在許多戰爭中立下戰功。織田信長在本能寺之變遭遇變故後，和羽柴秀吉聯手對付明智光秀。在決定織田家繼承人的清洲會議上，以織田家老將的身分出席。最後戰死於小牧長久手之戰。

高山右近

曾以荒木村重家臣的身分背叛織田信長，但在投降後，成為織田家的武將，並得到高槻城。本能寺之變後跟隨羽柴秀吉，與明智光秀對立。是有名的吉利支丹，在豐臣政權發布伴天連追放令後失去領地。最後因江戶幕府的禁教令遭流放到國外，最後死在流放地馬尼拉。

羽柴秀吉超乎明智光秀想像的高速行軍

從「中國大返還」
到「山崎之戰」

秀吉軍為攻打毛利家而向中國地方出兵，在收到織田信長遭擊殺的消息後，
展現出的行軍速度快到連明智光秀都沒有預想到。

秀吉軍的動向

水攻備中高松城

在收到本能寺之變的消息後，羽柴秀吉以備中高松城城主清水宗治切腹為條件談和，並撤退到沼城。在確定毛利軍沒有追上來後，便開始大舉返回。

休息與收集情報

6月6日從備中高松城出發，同月8日抵達姬路城。在這裡讓士兵休息到9日早上，並收集本能寺之變後的畿內情報。

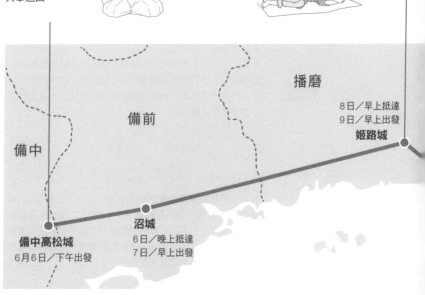

播磨

8日／早上抵達
9日／早上出發
姬路城

備前

備中

沼城
6日／晚上抵達
7日／早上出發

備中高松城
6月6日／下午出發

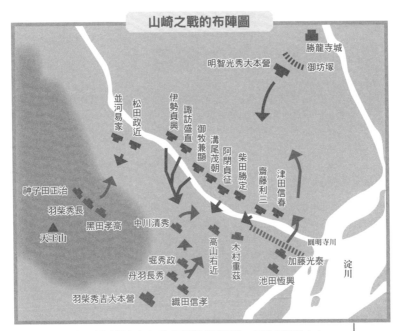

山崎之戰的布陣圖

勝龍寺城

明智光秀大本營　御坊塚

並河易家
松田政近
伊勢貞興
諏訪盛直
御牧兼顯
溝尾茂朝
阿閉貞征
柴田勝定
齋藤利三
津田信春

神子田正治
羽柴秀長
黑田孝高
天王山
中川清秀
堀秀政
丹羽長秀
高山右近
木村重茲
圓明寺川
加藤光泰
池田恆興
淀川

羽柴秀吉大本營　織田信孝

秀吉軍在山崎部署軍隊的速度比明智軍預想的還要快，因此羽柴秀吉方順利搶占天王山。這座山位於交通要道，可以俯瞰戰場，有利於戰局。另外，在總兵數方面秀吉軍也更占優勢，明智光秀方為1萬3千人左右，秀吉軍則是在反明智光秀的勢力加入後達到4萬人左右。

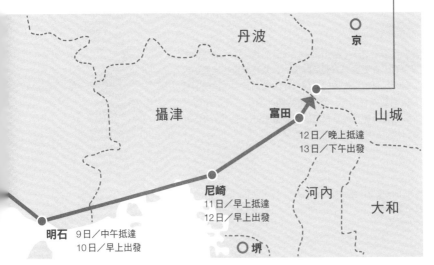

丹波
京
攝津
富田
山城
12日／晚上抵達
13日／下午出發
尼崎
11日／早上抵達
12日／早上出發
河內
大和
明石　9日／中午抵達
10日／早上出發
堺

171

「本能寺之變」的關鍵人物

支持明智光秀的家臣

明智家家臣團由於明智光秀的決定而參與本能寺之變。參謀中也有反對的人，但最終依然選擇支持他們的主君。

明治秀滿

明治光秀的叔叔明智光安的兒子，與明智光秀是堂兄弟的關係，明智家五宿老的一員。據說在發起本能寺之變擊殺織田信長時，明智光秀第一個商量的對象就是明治秀滿。沒有參加山崎之戰，但明智光秀戰敗後，守在明智光秀居住的城堡坂本城，在遭到秀吉軍堀秀政的軍隊包圍時，在城內放火自殺。

出生年：1536年（天文5年，有各種說法）
出身：美濃國
身分：宿老

齋藤利三

明智家五宿老之一。織田信長流放足利義昭後，開始侍奉明智光秀。主要是與有親戚關係的長宗我部氏一起擔任外交，同時也是明智光秀的參謀。在山崎之戰中，追隨明智光秀從軍並擔任前鋒。與池田恆興、高山右近的軍隊交戰，戰敗後被捕，於京都六條河原遭斬首。德川家光的乳母春日局，據說是齋藤利三的女兒。

出生年：1534年（天文3年，有各種說法）
出身：美濃國
身分：宿老

伊勢貞興

曾是室町幕府幕臣（將軍的家臣），但在將軍足利義昭被驅逐出京都後，成為明智光秀的家臣。明智軍在攻略丹波時，伊勢貞興大展身手，因此獲得明智光秀的信賴。在爆發本能寺之變時，攻擊織田家的嫡子——織田信忠固守的二條城，並將其逼到自殺。山崎之戰中，對中川清秀的軍隊進行猛烈的攻勢，但未能扭轉兵力上的差距，最終戰敗。他身負殿後的重任，戰死沙場。

出生年：1562年（永祿5年）
出身：山城國
身分：不明

安田國繼

侍奉明智光秀的家臣齋藤利三。在本能寺之變中奉命擔任先鋒，與古川九兵衛、箕浦大內藏一同競爭誰最先立功，是明智三羽鴉之一。在遭到織田信長的小姓森蘭丸的長槍刺中的同時，擊敗了對方。山崎之戰後逃跑成為浪人，侍奉羽柴秀長、蒲生氏鄉等人。最後侍奉織田家時代的同僚寺澤廣高，雙方曾在過去約定「如果有一方出人頭地，就要用十分之一的俸祿雇用另一方」。

出生年：1556年（弘治2年）
出身：美濃國
身分：不明

明智家家臣團的主要構成

五宿老

・明智秀滿 ・明智光忠
・齋藤利三 ・藤田行政
・溝尾茂朝

在明智光秀侍奉織田家前，就開始侍奉明智光秀的5位重臣。是主導本能寺之變的核心人物。

妻木家

・妻木廣忠

美濃國妻木城城主兼一門眾，是明智家的家臣。歷史上對其有各種說法，據悉明智光秀的妻子——妻木熙子就是出身於此。

三羽鴉

・安田國繼
・古川九兵衛
・箕浦大內藏

發起本能寺之變時，奉命為先鋒，並爭奪第1個立功者的3人。

促使明智光秀叛變的原因為何？

「本能寺之變」的動機

許多歷史研究家和知識分子，都對明智光秀發起本能寺之變的動機提出想法。
不過在經過400年以上的今天，其真相仍未查明。

叛變的動機眾說紛紜

羽柴秀吉黑幕說

從速度超乎尋常的「中國大返還」來看，可能事前就已經察覺到明智光秀準備叛變。從其背景推估，他們也有可能是共犯。

德川家康黑幕說

此說法認為，德川家康奉織田信長之命，要求嫡子德川信康和正室築山殿切腹自殺，導致織田信長失去德川家康的信任，促使德川家康教唆明智光秀叛變。

足利義昭黑幕說

足利義昭遭到織田信長流放後，相當怨恨織田信長，甚至組建了信長包圍網。由此來看，足利義昭慫恿明智光秀叛變也不是件奇怪的事。

長宗我部元親黑幕說

長宗我部元親在四國統一的問題上與織田家沒有共識。有一種說法是，長宗我部元親與明智光秀有親戚關係，所以他們可能合謀叛變。

朝廷黑幕說

備受輕視的朝廷，一直將織田信長視為威脅，有可能是朝廷中明智光秀與織田信長之間的親密關係，欲借明智光秀的手解決織田信長。

毛利家黑幕說

毛利家曾遭到織田家攻擊，可能在織田信長表明要出兵毛利家後，為了避免與之決戰，便與明智光秀合謀。

宗教勢力黑幕說

包括本願寺在內，織田信長一直與眾多宗教勢力敵對。也有可能是這些勢力進行反抗時，慫恿明智光秀叛變。

怨恨說

據說在叛變前，德川家康拜訪京都，明智光秀奉命擔任接待人，但織田信長對其準備的菜餚不滿意，所以撤了他的接待職位，從而引發明智光秀叛變。

意識形態說

明智光秀原本與幕府和朝廷關係密切，可能是因為織田信長對幕府和朝廷輕視，從而導致他不高興並策劃謀反。

明智光秀詠唱的連歌《愛宕百韻》

ときは今
あめが下しる
五月かな

這是明智光秀在發起本能寺之變前，邀請歌人舉行的連歌會上所詠唱的首句。若將「とき」視為明智光秀出生的家族「土岐氏」、「あめ」是「天下」、「下しる」是「命令」，就等於是一首預告叛變的和歌。

※除此之外，還有許多關於本能寺之變動機的說法。

戰國武將的
背叛行為

背叛在戰國時代是家常便飯的事情，是什麼樣的武將背叛主君呢？背叛
的方式因人而異，例如：倒戈、更改立場、謀反等。以下將介紹背叛武將
的軼事及其為人。此外，本章還會探討織田信長、豐臣秀吉、德川家康等
掌握天下之人的背叛行為。

亂世的風氣

戰國武將與背叛

在戰國時代，背叛與遭到背叛並不稀奇。以下將要介紹背叛主君的武將，同時也會提到3位掌握天下之人的背叛行為。

松永久秀（約1510年～1577年）

背叛對象：織田信長

侍奉織田信長前，在三好家曾犯下3項惡行，分別是使主家滅亡、暗殺當時的將軍足利義輝，以及燒燬東大寺大佛殿。在織田信長進京時臣服，但於1572年叛變，交出多聞山城後得到原諒，不過又在1577年謀反。遭到織田軍攻擊時，固守在信貴山城，最後選擇自殺。

比生命還珍貴的平蜘蛛

松永久秀相當熟悉茶道，擁有名茶具平蜘蛛和九十九髮茄子。據傳在他第2次叛變時，織田信長曾向他提出「把平蜘蛛交出來就原諒你」的條件，最後他拒絕織田信長，並在茶具中放入火藥炸死自己。

別所長治（1558年～1580年）

背叛對象：織田信長

曾是播磨國的領主。在織田家攻打中國時，曾一度臣服於織田家，但之後觀察局勢後改成侍奉毛利家。豐臣秀吉奉織田信長之命，攻打別所長治。別所長治只能守在主城三木城中，最後以自己的生命為代價，換取城兵（保護城堡的士兵）的性命。

三木合戰

據說豐臣秀吉大肆切斷三木城的糧道，城裡的人民甚至餓到吃屍體。

三好長慶（1522年～1564年）

背叛對象：細川晴元、足利義輝

三好家曾經是幕府管領細川氏的家臣。在細川晴元逼死自己的父親細川元長後，三好長慶將細川晴元以及將軍足利義晴、足立義輝父子驅逐京都，並建立了三好政權。不過，在晚年時，其家臣松永久秀掌控了整個家族，三好長慶最後落魄地病逝。

三好長慶喜歡連歌

據說三好長慶是一位有文化的人，相當喜歡連歌。喜歡到在連歌會上收到弟弟戰死的消息時，也一臉無所謂地繼續詠唱。

前田利家（1538年～1599年）

背叛對象：柴田勝家

以小姓的身分侍奉織田信長，由於其在戰場舞動長槍的樣子，別稱「槍之又左」。後成為與力，輔佐率領北陸地區軍隊的柴田勝家。在織田信長死後叛變，臣服於豐臣秀吉。之後擔任豐臣五大老，鞏固加賀藩百萬石的勢力來支持豐臣家。

愛好是能劇

前田利家以文化人著稱，興趣是「能劇」，熱愛到每3天會練習1次的程度。

陶晴賢（1521年～1555年）

背叛對象：大內義隆

陶晴賢是大內義隆的重臣，在第一次月山富田城之戰中敗給尼子氏，逐漸失去大內義隆的信任。因此發起大寧寺之變，逼迫大內義隆自殺、掌握家族的權力。之後在嚴島之戰中敗給強大的毛利家，最終自殺身亡。

年輕時候是個帥哥

陶晴賢年輕時是位美少年，從小就作為大內義隆的性對象受到重用。

宇喜多直家（1529年～1582年）

背叛對象：浦上宗景

宇喜多直家作為浦上家的家臣，用盡了暗殺和計謀等方法，使主家迅速成長。但在織田信長於畿內獲得權力後，宇喜多直家卻對主家豎起叛旗。儘管失敗過一次，但在1574年的天神山城之戰中，終於驅逐了浦上宗景，完成獨立的願望。

與家臣一起耕作

宇喜多直家因為擅長謀略，被稱為是梟雄，私底下相當珍視家臣，還會與家臣一起開墾農田。

齋藤道三（1494年～1556年）

背叛對象：土岐賴藝

齋藤道三成功對美濃的守護大名土岐氏發起下克上，並成為國主。因其殘暴手段得名「美濃的蝮蛇」。不過他寵愛的不是長男齋藤義龍，而是弟弟們，於是斷絕齋藤義龍的君臣關係，結果反被背叛，在長良川之戰陣亡。

與織田信長的關係

齋藤道三曾經留下遺言說要將美濃交給織田信長。由此可見，他在當時就看出被稱為是「怪人」的織田信長所擁有的才華。

織田信長（1534 年～1582 年）

背叛對象：斯波氏

織田信長出生在織田彈正忠家，這個家族只是統治尾張國一部分的地方領主。主君斯波氏是世世代代統治尾張國的名門。織田信長的祖父織田信定、父親織田信秀兩代在尾張國內擴張勢力，直到織田信長才統一尾張國。也就是說，織田信長背叛並驅逐主君斯波氏，從而獲得尾張國。

織田信長偏愛西方文化

據傳織田信長喜歡南蠻（南洋諸國）帶來的地球儀和葡萄酒，戰爭時還在盔甲外披上斗篷。他也相當積極地保護傳教士，由此可以看出他對西方文化的喜愛。

豐臣秀吉（1537 年～1598 年）

背叛對象：今川義元、松下之綱

豐臣秀吉是從貧困的平民一步步爬到關白一職。作為織田信長的家臣，在大眾心裡留下強烈印象，但其實他第1個侍奉的是松下之綱。松下的主君是駿河國的今川義元，且與織田信長是敵對關係。順帶一提，松下之綱在今川義元敗北後，轉而侍奉德川家康，後又成為豐臣秀吉的家臣。

豐臣秀吉熱愛茶會

豐臣秀吉向千利休學習茶道，相當熟悉相關知識，曾在京都北野天滿宮舉辦名為北野大茶湯的大規模茶會。此外，他也是一位茶具收藏家，甚至擁有合稱為天下三肩衝的新田、初花、楢柴。

尼子經久（1458年～1541年）

背叛對象：京極政經

尼子經久出生於出雲國的守護代尼子家，他利用各種計謀成功擴大勢力。將家主之位讓給嫡孫尼子晴久後，在背後以監護人的身分活動。於吉田郡山城之戰敗給了毛利元就，並在之後逝世。

無論什麼都當作獎賞

據說尼子經久相當關心家臣，在衣服受到稱讚時，他就會將衣服賜給對方，即使是冬天也會只穿一件小袖。

黑田長政（1568年～1623年）

背叛對象：豐臣家

豐臣秀吉的軍師——黑田官兵衛之子。幼年時期被豐臣秀吉扣押為人質，後來成為豐臣政權的核心人物。不過，在與石田三成等文治派產生衝突後，從關原之戰開始臣服於德川家，並成為福岡藩的第一代藩主。

嚴重的音痴

有一則軼事指出，黑田長政喜歡能樂，並且會在家臣面前表演。但他其實是個音痴，所以家臣母里太兵衛曾向他諫言停止此行為。

山內一豐（1545 年～1605 年）

背叛對象：豐臣家

山內一豐的父親是岩倉織田家的重臣山內盛豐。父親遭到織田信長殺害後，輾轉於畿內並開始侍奉豐臣秀吉，最終轉而臣服德川家康。此外，曾擔任豐臣秀吉的外甥——豐臣秀次的宿老，當豐臣秀吉判豐臣秀次死罪時，山內一豐卻能全身而退，甚至還獲贈領地。由此可見，他應該是個相當善於處世的人。

促使鰹魚半敲燒誕生的人

鰹魚是土佐特產，不過山內一豐擔心會食物中毒，所以禁止生吃。據說，因為這樣才誕生出只炙燒表面的鰹魚半敲燒。

加藤清正（1562 年～1611 年）

背叛對象：豐臣家

加藤清正出生於尾張國，是豐臣秀吉的遠親。從豐臣秀吉的小姓開始做起，在無數戰場上取得戰功，26 歲時就晉升為限本城城主。豐臣秀吉死後，與石田三成不合，迅速轉而親近德川家康，並於關原之戰加入東軍。

苦於道德問題

在關原之戰後，加藤清正苦於是否要背叛豐臣家的恩情，臣服於德川家，於是熟讀《論語》並用紅筆標註。

福島正則（1561 年～1624 年）

背叛對象：豐臣家

福島正則是從小就被豐臣秀吉培養的猛將，與加藤清正並駕齊驅。在賤岳之戰中發揮了被譽為「賤岳七本槍」的實力，之後的戰事也與豐臣秀吉一起取得勝利，但豐臣秀吉的死成為了轉折點。福島正則與石田三成相互對立後，於關原之戰背叛豐臣家，加入德川家康一方。

酒當水喝

據傳福島正則是著名的酒鬼，而且酒後習慣不好，甚至會喝到斷片。

小早川秀秋（1582 年～1602 年）

背叛對象：石田三成

為豐臣秀吉的正室北政所哥哥的兒子，在豐臣秀吉手底下長大。因為小早川隆景沒有後嗣，而成為其養子。關原之戰時隸屬於西軍，但中途倒戈到東軍。與小早川家斷絕關係，21 歲即英年早逝。

死因是酒精中毒？

小早川秀秋是個酒鬼，而且酒後習慣不好，讓北政所相當困擾。有一種說法是，其死因是酒精中毒。

德川家康（1542年～1616年）

背叛對象：今川家

德川家康是三河領主松平廣忠的嫡子。幼年時期作為人質扣押在今川家，不過既沒有被繩子綁住，也沒有被關在監獄裡，反而一步一步地成為今川家的重臣，極為受寵。德川家康還娶了今川義元的姪女築山殿。在今川義元於桶狹間之戰戰死後，便乾脆地從今川家獨立。

熱愛鷹獵

德川家康喜歡鷹獵，甚至熱愛到在幼年時期於禁止殺生的寺院內鷹獵，而遭到住持的責備。他還鼓勵家臣鷹獵，當作一種訓練。目前關東周邊還有一些與鷹獵有關的地名。

戰國家臣年表

年	歷史
1493年 （明應2年）	北條早雲（伊勢宗瑞）堅決要「討伐伊豆」。 北條早雲攻擊堀越公方足利茶茶丸。
1535年 （天文4年）	松平清康遭到家臣阿部正豐暗殺（守山崩）。
1536年 （天文5年）	在今川家的繼承者之爭「花藏之亂」中，今川義元打敗哥哥玄廣惠探。
1541年 （天文10年）	武田晴信（信玄）將父親武田信虎放逐到駿河。
1542年 （天文11年）	東北爆發「天文之亂」。伊達家分為兩派相互敵對，一派是父親伊達稙宗，另一派是伊達晴宗。
1544年 （天文13年）	毛利元就的三男德壽丸（小早川隆景）繼承小早川家。
1546年 （天文15年）	北條綱成於「河越城之戰」奮勇戰鬥，在與家主北條氏康的夾擊下，擊敗了關東大名的聯軍。
1547年 （天文16年）	毛利（吉川）元春成為吉川家的養子。 松平竹千代（德川家康）成為織田家的人質。
1550年 （天文19年）	大友家爆發繼承者之爭「二階崩之變」。 毛利元就向所有家臣發出起請文，要求他們發誓絕對服從。 長尾景虎（上杉謙信）的姊夫長尾政景發起叛變，隔年於「坂戶城之戰」投降。
1551年 （天文20年）	武田晴信（信玄）放棄村上家的砥石城，任由其家臣真田幸隆攻陷城堡。 大內家臣陶晴賢叛變，逼迫主君大內義隆自殺，此即「大寧寺之變」。
1553年 （天文22年）	曾任織田信長傅役的平手政秀自殺。
1554年 （天文23年）	齋藤道三放逐土岐氏，成為美濃的領主。 木下藤吉郎（豐臣秀吉）到織田家任官。 尼子家的精銳新宮黨遭到肅清。
1555年 （弘治元年）	村上水軍在「嚴島之戰」大展身手，毛利家戰勝大內家。

1556年 （弘治2年）	齋藤義龍在「長良川之戰」中殺死父親齋藤道三。
1557年 （弘治3年）	織田信長殺害企圖叛變的弟弟織田信勝。 毛利元就向3個孩子寄送《三子教訓狀》。
1560年 （永祿3年）	大友家家臣戶次鑑連在「鶴崎踊」上向主君大友宗麟進諫。 織田家家臣毛利新助與服部小平太在「桶狹間之戰」殺死今川義元。
1561年 （永祿4年）	木下秀吉（豐臣秀吉）與寧寧結婚。 武田家的家臣武田信繁、山本勘助等在「第四次川中島之戰」（八幡原之戰）戰死。
1563年 （永祿6年）	本多正信支持「三河一向一揆」，從德川家逃走。 六角家出現內鬥，史稱「觀音寺騷動」。
1564年 （永祿7年）	竹中半兵衛與16位家臣一起奪取稻葉山城。 長尾家臣宇佐美定滿發生「野尻池事件」。
1565年 （永祿8年）	松永久秀與三好三人眾一起殺害將軍足利義輝，此即「永祿之變」。 武田家內閧，爆發「義信事件」，嫡子武田義信廢嫡。重臣飯富虎昌被懷疑有背叛的嫌疑而自殺。
1566年 （永祿9年）	豐臣秀吉在墨俁建造城堡。
1567年 （永祿10年）	松永久秀襲擊三好三人眾，燒燬東大寺的大佛殿。 被廢嫡的武田義信在武田家自殺。 織田信長的妹妹阿市出嫁到淺井家。 竹中半兵衛開始侍奉木下秀吉。
1568年 （永祿11年）	上杉家爆發「本庄繁長之亂」，隔年即平定。重臣色部勝長在這場騷亂中戰死。
1569年 （永祿12年）	尼子再興軍進攻雲州（出雲）。
1570年 （元龜元年）	因為淺井家背叛，爆發「金崎之戰」。 織田家老將森可成在「宇佐山城之戰」戰死。 龍造寺家臣鍋島直茂在「今山之戰」偷襲大友軍，獲得勝利。
1572年 （元龜3年）	島津義弘軍在「木崎原之戰」打敗伊東家。 武田信玄發兵上洛，與德川家爆發「三方原之戰」。 松永久秀第1次背叛織田家。
1573年 （天正元年）	織田信長授予長濱城給羽柴秀吉。

1575年 （天正3年）	在「長篠之戰」之前，長篠城主奧平貞昌的家臣鳥居強右衛門作為使者到處請求支援， 但在回程中被武田軍抓住並處刑。 織田家鎮壓「越前一向一揆」，授予宿老柴田勝家越前國8郡。
1576年 （天正4年）	織田信長命丹羽長秀建造安土城。 羽柴秀吉奉命攻打毛利氏。 在「第一次木津川口之戰」中，毛利軍擊敗織田軍。
1577年 （天正5年）	柴田勝家在「手取川之戰」敗給上杉謙信。 松永久秀第2次背叛，並於信貴山城自殺。
1578年 （天正6年）	毛利家的上月城遭攻陷，尼子勝久與其家臣進城。 羽柴秀吉包圍別所家的三木城，此即「三木合戰」。 尼子方因毛利家的攻擊而投降。尼子勝久自殺，作為人質的重臣山中幸盛遭謀殺。 荒木村重背叛織田家。 黑田官兵衛前往說服荒木村重，反被抓住並幽禁。 上杉家爆發繼承者之爭「御館之亂」。 九鬼嘉隆率領的織田水軍擊敗毛利軍，此即「第二次木津川口之戰」。
1579年 （天正7年）	德川家康的正室築山殿因謀反嫌疑被殺害。 德川家的嫡子德川信康因謀反嫌疑被命令自殺。 竹中半兵衛於戰中病歿。
1580年 （天正8年）	織田家家臣池田恆興攻陷荒木村重的花隈城，村重逃亡。 織田家宿老佐久間信盛遭流放。
1581年 （天正9年）	織田家在京都舉辦「馬揃」。 羽柴秀吉軍攻陷鳥取城。 上杉家的家臣新發田重家發起叛變並獨立，最後於天正15年自殺。
1582年 （天正10年）	「天正遣歐少年使節團」出發前往羅馬。 羽柴秀吉軍包圍備中高松城，進行水攻。 明智光秀發起「本能寺之變」。 德川家康堅決帶著重臣們逃亡，史稱「神君伊賀越」。 毛利家兼備中高松城城主清水宗治，以自殺換取城兵的性命。 羽柴秀吉軍在與毛利家談和後，展開「中國大返還」。 羽柴軍於「山崎之戰」擊破明智軍。 明智光秀遭專門狩獵落單武士的農民殺死，居住的城堡坂本城也被攻陷。 舉行清洲會議。 柴田勝家與阿市舉行婚禮。
1583年 （天正11年）	羽柴軍在「賤岳之戰」擊敗柴田軍。 前田利家對羽柴秀吉投降。 北庄城陷落，柴田勝家與阿市雙雙自殺。
1584年 （天正12年）	島津家久在「沖田畷之戰」大展身手，殺死龍造寺隆信。 爆發「小牧長久手之戰」，織田、德川聯軍獲勝。
1585年 （天正13年）	德川家家臣石川數正逃跑到豐臣家任官。

1586年 （天正14年）	大友家重臣高橋紹運底下的所有城兵都在「岩屋城圍城戰」壯烈犧牲。 島津家久軍於「戶次川之戰」打敗仙石秀久軍。
1587年 （天正15年）	舉行「北野大茶會」。
1588年 （天正16年）	豐臣秀吉發布《海賊停止令》和《刀狩令》。
1590年 （天正18年）	黑田官兵衛在「小田原之戰」發揮能力，促使小田原城無血開城。 北條方的成田家在「忍城之戰」遭到水攻，竭盡全力抵抗到最後。
1591年 （天正19年）	千利休切腹。 爆發「九戶政實之亂」。
1592年 （文祿元年）	第1次派兵前往朝鮮，史稱「文祿之役」。 加藤清正、小西行長等人進入漢城。
1595年 （文祿4年）	豐臣秀次在高野山自殺。
1597年 （慶長2年）	第2次派兵前往朝鮮，史稱「慶長之役」。
1598年 （慶長3年）	豐臣秀吉逝世，日本軍從朝鮮撤退。
1599年 （慶長4年）	發生「石田三成襲擊事件」。
1600年 （慶長5年）	德川家重臣鳥居元忠在「伏見城之戰」戰死。 爆發「關原之戰」。
1603年 （慶長8年）	德川家康奉命擔任征夷大將軍，開啟江戶幕府時代。
1614年 （慶長19年）	江戶幕府頒布禁教令，高山右近被流放到馬尼拉。 爆發「大坂冬之陣」，德川軍因為真田信繁（幸村）的真田丸大受打擊。
1615年 （元和元年）	爆發「大坂夏之陣」，豐臣方的將領皆戰死，不久後連大坂城都陷落。

參考文獻

◆ 書籍

『戦国 戦の作法』 小和田哲男 監修（寶島社）

『イラストでみる 戦国時代の暮らし図鑑』 小和田哲男 監修（寶島社）

『日本史見るだけノート』 小和田哲男 監修（寶島社）

『戦国史見るだけノート』 小和田哲男 監修（寶島社）

『ビジュアル版 日本の歴史を見る⑤ 群雄割拠と天下統一』 小和田哲男 監修（世界文化社）

『戦国武将の生き方死に方』 小和田哲男 著（新人物往來社）

『こんなに変わった！ 日本史教科書』 山本博文 監修（寶島社）

『最新研究が教えてくれる！ あなたの知らない戦国史』 かみゆ 著（辰巳出版）

『図解 戦国武将』 池上良太 著（新紀元社）

『戦国大名と分国法』 清水克行 著（岩波書店）

『戦国の合戦と武将の絵事典』 小和田哲男 監修／高橋伸幸 著（成美堂出版）

『戦国の風景 暮らしと合戦』 西ヶ谷恭弘 著（東京堂出版）

『戦国武将の解剖図鑑』 本郷和人 著（エクスナレッジ）

『戦国武将の手紙を読む 浮かびあがる人間模様』 小和田哲男 著（中央公論新社）

『戦国武将ものしり事典』 奈良本辰也 監修（主婦與生活社）

『早わかり戦国史』 外川 淳 編著（日本實業出版社）

『牢人たちの戦国時代』 渡邊大門 著（平凡社）

『超ビジュアル！ 戦国武将大辞典』 矢部健太郎 監修（西東社）

『史上最強カラー図解 戦国時代のすべてがわかる本』 二木謙一 監修（ナツメ社）

『[図解]武将・剣豪と日本刀 新装版』（笠倉出版）

『日本史用語集Ａ・Ｂ共用』 全國歷史教育研究協議會 編（山川出版社）

◆ 雑誌

『歴史人』2019年5月号（KKベストセラーズ）

『歴史人』2019年7月号（KKベストセラーズ）

『歴史道』Vol.5（朝日新聞出版）

※除以上列出的書目，也參考了許多歷史資料。

監修　**小和田哲男**

1944年生於靜岡市。1972年，早稻田大學文學院文學研究科博士課程修畢。2009年3月自靜岡大學退休，為靜岡大學名譽教授。主要著作有《日本人は歴史から何を学ぶべきか》（三笠書房，1999年）、《悪人がつくった日本の歴史》（中經文庫，2009年）、《武将に学ぶ第二の人生》（Media Factory新書，2013年）、《名軍師ありて、名将あり》（NHK出版，2013年）、《黒田官兵衛　智謀の戦国軍師》（平凡社新書，2013年）等、《明智光秀、秀満》（Minerva書坊，2019年）等。

STAFF

企劃・編輯	細谷健次朗、千田新之輔
執筆協力	野田慎一、龍田昇、上野卓彦、野村郁明
插畫	熊アート
設計・DTP	森田千秋（Q.design）
封面設計	森田千秋（Q.design）

日本戰國忠誠與背叛法則

出　　　版／楓樹林出版事業有限公司
地　　　址／新北市板橋區信義路163巷3號10樓
郵 政 劃 撥／19907596　楓書坊文化出版社
網　　　址／www.maplebook.com.tw
電　　　話／02-2957-6096
傳　　　真／02-2957-6435
監　　　修／小和田哲男
譯　　　者／劉姍姍
責 任 編 輯／邱凱蓉
內 文 排 版／謝政龍
港 澳 經 銷／泛華發行代理有限公司
定　　　價／400元
初 版 日 期／2023年9月

國家圖書館出版品預行編目資料

日本戰國忠誠與背叛法則 / 小和田哲男監修；劉姍姍譯. -- 初版. -- 新北市：楓樹林出版事業有限公司, 2023.09　面；公分
ISBN 978-626-7218-91-4（平裝）

1. 人物志 2. 戰國時代 3. 日本

783.12　　　　　　　　　112012314